JN042193

ACTIVE LEARNING
AND TEACHING
AT THE UNIVERSITY
OF TOKYO

CASE STUDIES OF CLASSROOM
AND ONLINE TEACHING

東京大学の
アクティブ
ラーニング

教室・オンラインでの
授業実施と支援

東京大学教養教育高度化機構
アクティブラーニング部門 編

東京大学出版会

DIVISION OF ACTIVE LEARNING
AND TEACHING,
KOMABA ORGANIZATION FOR
EDUCATIONAL EXCELLENCE (KOMEX),
THE UNIVERSITY OF TOKYO

Active Learning and Teaching at the University of Tokyo:
Case Studies of Classroom and Online Teaching

Division of Active Learning and Teaching, Komaba Organization for Educational
Excellence (KOMEX), The University of Tokyo, Edtiors

University of Tokyo Press, 2021
ISBN978-4-13-053093-4

東京大学のアクティブラーニング
教室・オンラインでの授業実施と支援

目　　次

序　　章　東京大学におけるアクティブラーニングの歴史と組織

山口和紀・齋藤希史・星埜守之・網野徹哉

　　1. 教養教育高度化機構アクティブラーニング部門 ················· 4

　　2. 駒場アクティブラーニングスタジオ（KALS） ················· 5

　　3. 本書の構成 ················· 7

Ⅰ　アクティブラーニング型授業

第 1 章　聖火リレーと江戸名所

　　　──文系の初年次ゼミナールの授業事例　　田村　隆

　　1. 初年次ゼミナール文科 ················· 11

　　2. 授業開始 ················· 13

　　3. 発表とフィードバック ················· 18

　　4. 狭山の池 ················· 21

第 2 章　平和のために東大生ができること

　　　──海外研修の準備授業の事例　　岡田晃枝

　　1. 授業の背景情報 ················· 25

　　2. 授業の目的・到達目標と構成 ················· 27

　　3. 授業設計・実施における工夫 ················· 30

　　4. オンライン化への対応 ················· 34

　　5. おわりに ················· 36

第 3 章　模擬国連で学ぶ国際関係と合意形成

　　　──ロールプレイの授業事例　　中村長史

　　1. 授業の背景情報 ················· 39

　　2. 授業の目的・到達目標と構成 ················· 41

3. 授業設計・実施における工夫 …………………………………… 45

4. 授業改善の軌跡 …………………………………………………… 49

5. オンライン授業での工夫 ………………………………………… 50

第 4 章 液体としての水の特性と分子自己集合を考える
──理系の初年次ゼミの授業事例　　　　　平岡秀一

1. 授業の背景情報 …………………………………………………… 53

2. 授業の目的・到達目標と構成 …………………………………… 54

3. 授業設計・実施における工夫 …………………………………… 58

4. 授業改善の軌跡 …………………………………………………… 61

5. オンライン授業における工夫 …………………………………… 61

第 5 章 植物多様性をテーマとした論文執筆を学ぶ授業
──オンラインデータベースに基づく授業事例
ジエーゴ・タヴァレス・ヴァスケス〔Diego Tavares Vasques〕

1. 授業の背景情報 …………………………………………………… 63

2. 授業の目的・到達目標と構成 …………………………………… 64

3. 授業設計・実施における工夫 …………………………………… 69

4. 授業改善の検討 …………………………………………………… 71

5. まとめ ……………………………………………………………… 73

第 6 章 アクティブラーニングによる Web プログラミング実習
──反転授業の事例　　　　　吉田　塁

1. 授業の背景情報 …………………………………………………… 75

2. 授業の目的・到達目標と構成 …………………………………… 77

3. 授業設計・実施における工夫 …………………………………… 82

第 7 章　大学教育開発論

　　　──「教える」をじぶんごとにする授業事例　栗田佳代子

　　1．授業の背景情報……………………………………………………………89

　　2．授業の目的・到達目標と構成………………………………………………91

　　3．授業設計・実施における工夫………………………………………………96

　　4．授業改善の軌跡……………………………………………………………99

　　5．オンライン授業での工夫…………………………………………………100

第 8 章　学生がつくる大学の授業　反転授業をデザインしよう！

　　　──学生参加型の授業づくりの事例

　　　　　　　　　　　　　　　小原優貴・福山佑樹・吉田塁

　　1．授業の背景情報……………………………………………………………103

　　2．授業の目的・到達目標と構成……………………………………………106

　　3．授業設計・実施における工夫……………………………………………108

　　4．授業の振り返りと改善の軌跡……………………………………………111

　　5．今後の展開の可能性………………………………………………………113

第 9 章　SDGs を学べる授業をつくろう

　　　──学生による授業づくりの事例

　　　　　　　　　　　　　　　中村長史・小原優貴・伊勢坊綾

　　1．授業の背景情報……………………………………………………………115

　　2．授業の目的・到達目標と構成……………………………………………116

　　3．授業設計・実施における工夫・改善……………………………………118

　　4．オンライン授業での工夫…………………………………………………122

Ⅱ　アクティブラーニング型授業を支える取り組み

第 10 章　座談会　TA による授業支援

1　司会：伊勢坊綾　座談会参加者：宮川慎司・田中李歩・
九島佳織・須藤玲

2　司会：小原優貴　座談会参加者：ジエーゴ・タヴァレス・
ヴァスケス〔Diego Tavares Vasques〕・中村長史

1　座談会：TA が語る授業支援の具体例……………………………127
KALS TA になった経緯 / KALS TA としての授業支援 / オンライン授業
における授業支援 / TA としての支援の在り方 / 授業支援以外の活動 / TA
経験からの学び / 未来の KALS TA へ

2　座談会：若手教員が振り返る TA 経験の意義 ………………………140
TA を担当することになった経緯 / TA としての役割と学んだこと / 教室
空間と学びの関係 / 教育実践に活きる TA の強みへの気づき / TA の指
導・育成について / 現役 TA へのアドバイス

第 11 章　対談　スタッフによる授業支援

司会：伊勢坊綾　対談者：中澤明子

……………………………………………………………………………151
アクティブラーニング部門設置当時の授業支援 / KALS TA の育成 /
KALS TA の育成に関する研究 / COVID-19 を経たアクティブラーニン
グの支援・展望

第12章　座談会　アクティブラーニング解説教材作成

　1　司会：小原優貴 / 座談会参加者：中澤明子・福山佑樹

　2　司会：伊勢坊綾 / 座談会参加者：小原優貴・福山佑樹・

　　　脇本健弘

　3　司会：伊勢坊綾 / 座談会参加者：小原優貴・福山佑樹・

　　　吉田塁

　1　座談会：「+15minutes」作成 ……………………………163

　　教材作成の背景 / 工夫した点―手法の選択、構成など / 大変だったこと、

　　苦労したこと / 学内外での反響 / アクティブラーニング手法に関する教員

　　向け教材作成の今後

　2　座談会：映像教材制作 ……………………………………170

　　教材制作の背景 / 工夫した点―手法の選択、構成など / 大変だったこと、

　　苦労したこと / 映像の活用 / 映像評価を研究に / アクティブラーニング手

　　法に関する教員向け教材制作の今後

　3　座談会：「+15minutes 実践編」作成 ……………………178

　　教材作成の背景 / 工夫した点―手法の選択、構成など / 冊子の活用

終　　章　東京大学のアクティブラーニング

　　　　──総括と展望　　　　　伊勢坊綾・中澤明子・星埜守之

　1. 各章の内容 ……………………………………………………185

　2. 授業改善の軌跡 ………………………………………………187

　3. 東京大学におけるアクティブラーニングの展望：効果を発揮させ

　　る支援 …………………………………………………………188

　4. 東京大学のアクティブラーニングの展望：オンラインの活用…191

あとがき　197

東京大学のアクティブラーニング
教室・オンラインでの授業実施と支援

装幀
水戸部功＋北村陽香

序章

東京大学におけるアクティブラーニングの歴史と組織

山口和紀・齋藤希史・星埜守之・網野徹哉

　みなさんは、「アクティブラーニング（active learning）」という言葉を耳にしたことがあるでしょうか。日本語にそのまま訳すると、「能動的な学び」となりますが、この語は近年、大学などの教育現場でよくお目にかかるようになってきたのではないかと思います。もちろん、大学とはそもそも学生が能動的に学ぶべき場である、とも考えられるかもしれません。1970年代に大学に入学した私などからすると、大教室の講義であっても、担当教員が示す参考図書を家で読み込むことで世界が広がってゆく感覚があり、授業そのものがそうした「能動的な」学びを触発する空間だったように思い出されます。とはいえ、学問や社会において要求される事柄が多様化し、さらに学びの方法も情報通信テクノロジーの発展によって大きく変わった今、「能動的な学び」のスタイルも方法論も大きく様変わりしてきていると言えるでしょう。たとえば、受講者があらかじめビデオで授業を視聴し、教室ではそれを前提に議論をしていくような、いわゆる「反転授業」などは、かつては想像することができなかったものだと思います。

　東京大学では、こうしたアクティブな学びの実践、また、そのあらたな方法論の開発を目的として、2010年に教養教育高度化機構アクティブラーニング部門が設置されました。教養教育高度化機構は、東京大学教養学部における分野・部局横断的な教育をサポートするべく発足した組織です

が、当部門は、「駒場アクティブラーニングスタジオ（Komaba Active Learning Studio: KALS）」を拠点とし、部門所属の教員が部門外の教員、さらには他部局所属の教員とも協力しながら、能動的な学びを支援し、様々な可能性を模索する試みをおこなってきました。

　本書は、「アクティブな」学びの今について、東京大学教養学部教養教育高度化機構アクティブラーニング部門のおよそ10年間に及ぶ実践をもとに紹介し、その将来のあり方についても想像を巡らせることを目的としています。

1. 教養教育高度化機構アクティブラーニング部門

　ここではまず、当部門固有の活動について紹介しておきたいと思います。能動的な学びの実践自体は実に多様なものですが、当部門では、それらに共通する基本的な軸となる定義を、概ね以下のように考えています。すなわち、グローバル化・情報化等によって変化する時代に対応できる人材育成を念頭に、アクティブラーニングを「資料・データ・情報・映像などのインプットを、読解・ライティング・討論を通じて分析・評価し、その成果を統合的にアウトプットする能動的な学習」である、と定義して活動しています（図1参照）。また、当部門の取り組みは、教養学部・情報学環・大学総合教育研究センターの共同プロジェクトとして2007-2009年度に実施された文部科学省現代的教育ニーズ取組支援プログラム（現代GP）「ICTを活用した新たな教養教育の実現─アクティブラーニングの深化による国際標準の授業モデル構築─」を継承していることも付け加えておきましょう。

　現在の主たる活動は、大別すれば以下の三つになります：

図1. 本書の考えるアクティブラーニング

対象	時期			
	学期はじめ	学期中（個々の授業について）		
		授業前	授業中	授業後
教員	・設備の説明 ・相談、打合せ	・授業の打合せ	・機材の操作支援 ・機材トラブル対応	・授業の打合せ
学生		・学習環境の設定		・片付け

図2. 授業支援

1) アクティブラーニングを用いた授業モデルの開発、及び、駒場ア
   クティブラーニングスタジオ（KALS）でのその実施。
2) 部門外の教員がKALSで開講する授業に対する、機材のメンテナ
   ンスやティーチング・アシスタント（TA）の育成・委嘱、授業内
   容の相談等の支援（図2参照）。
3) アクティブラーニングを普及するための、定期的な研修の実施、
   冊子の配布など。研修としては、ファカルティ・ディベロップメ
   ントに関する情報交換会（学内の教職員を対象）や、アクティブラ
   ーニングを導入した授業の成果について検討するワークショップ
   （学内外の教職員を対象）を実施しています。配布物としては、ア
   クティブラーニングの理念・手法をまとめた冊子や、実践例を紹
   介するニューズレター、TAの業務内容についてのガイドブック
   を作成し、教授会や上記研修で配布しています。

2. 駒場アクティブラーニングスタジオ（KALS）

　次に、当部門が活動拠点としている「駒場アクティブラーニングスタジ
オ（KALS）」について、手短に紹介してみましょう。物理的な場所の様子
からも、東京大学の「アクティブラーニング」のイメージをある程度思い
描くことができるのではないかと思います。
　2007年5月に駒場キャンパス内に開設されたKALSは、情報コミュニ
ケーション技術（ICT）の活用によってアクティブラーニングの効果を最
大限に引き出す工夫がなされた教室空間で、教養教育・リベラルアーツ教
育の新たな手法を実践する場として位置付けられています。その特徴を具

図3. KALSの教室空間

体的に見てみましょう。

＊KALSは、スタジオ、ウェイティングルーム、スタッフルーム、ミーティングルーム、ストレージルームの5つの空間から構成されている。スタジオの定員は、40名で、いつでも授業を支援できるためにスタッフルームが併設されている。ストレージルームには、机30卓、椅子50脚が収納されており、授業の形態に応じて出し入れ可能（図3参照）。

＊教室の前後左右に4面のスクリーンと、4台のワイヤレスプロジェクタが設置されている。4面のスクリーンには、同じ画面が投影されるだけでなく、それぞれに異なる画面を表示したり、スクリーンを四分割して最大16台のタブレットPC画面を一覧表示したりすることも可能。これにより、

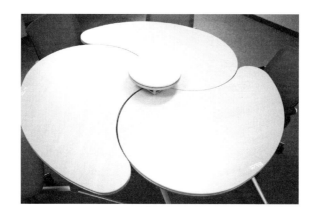

教室のどの位置からも講義資料や個々の学生の作業内容を容易に共有することができる。

＊KALSのために設計した移動可能な「まがたま」型の机30台を配備し、授業の形態や実施方法に即して複数個の机を組み合わせることで、2〜6名のグループワーク・ディスカッションを円滑に行うことができる。

　以上が、KALSの概要です。なお、KALSの見学は、随時受け付けており、国内外の教育機関や教育関連企業から定期的に訪問があります。

3. 本書の構成

　以上のように、東京大学のアクティブラーニングの大きな枠組みと、その拠点であるKALSについて紹介してきました。ただし、ここまでは、いわばアクティブラーニングの「いれもの」についてのお話しです。それでは、この「いれもの」のなかで展開されている「中身」はいかなるものなのか。本書ではそれを2部構成で提示してゆくことになります。

　第I部（第1〜9章）では「アクティブラーニング型授業」の具体例を、人文・社会科学、自然科学、教育手法開発の各分野から3授業ずつとりあげて、授業における工夫や授業改善の軌跡を紹介します。「江戸の名所」から「液体としての水」、「植物多様性」から「模擬国連」といった多様な

テーマについての、授業担当者本人による報告が収録されています[1]。なお、本書で紹介する授業は、基本的に1セメスター（春に始まるSセメスターと秋に始まるAセメスター）に13回実施され、1回が105分のものです。

　第II部（第10～12章）は「アクティブラーニング型授業を支える取り組み」にあてられます。ティーチング・アシスタント（TA）による授業支援、アクティブラーニング部門スタッフによる授業支援、アクティブラーニング解説教材作成といった取り組みを座談会形式で紹介し、関連のテーマについて検討します。

　なお、本書で紹介するアクティブラーニングの手法の詳細については、当部門が刊行している冊子『＋15 minutes』、『＋15 minutes 実践編』（第12章参照）をご覧いただけますと幸いです。当部門のwebサイト（http://dalt.c.u-tokyo.ac.jp）よりダウンロードしていただけます。

　それでは、次章から能動的な学びの豊かな世界へと分け入ってゆきましょう。読者の皆さんが多様な実例に触れながら、それぞれの授業のヴァージョンアップのためのヒントを見いだしてくださることを願っています。

（注）
1)　多様な分野の授業を紹介しているため、書誌情報の表記法等については、各章のなかでの統一にとどめています。

I　アクティブラーニング型授業

聖火リレーと江戸名所
——文系の初年次ゼミナールの授業事例

田村　隆

1. 初年次ゼミナール文科

1.1　基礎演習から初年次ゼミナールへ

「初年次ゼミナール文科」は文系の新入生の必修授業である。1 クラス 20 名程度の演習科目である。シラバスに共通目標として掲げられている文章を引用する。

> 大学では「問い」の「答え」を探求する前にまず「問い」自体を自分で見つける必要があるという点を理解し、学ぶ姿勢の根本的な転換を目指す。授業を通じて「問い」の立て方、「理論」についての考え方、「研究方法」の設定の仕方、学術資料の収集の仕方、議論の根拠の導き方、論述の組み立て方などのアカデミックスキルに触れ、それらを習得する。また、自分が取り組む「問い」が学術的・社会的に意義のある「問い」であることを主張する必要性を理解する。

科目の詳細については東京大学教養学部初年次ゼミナール文科運営委員会編『読む、書く、考える—東京大学初年次ゼミナール文科共通テキスト』(2020 年 4 月 5 日第 6 版) を参照されたいが、2015 年度から開講され

11

ている授業で、「基礎演習」の後継科目である。

　文系の授業形態は主に「講義」と「演習」から成り、「演習」は「平安朝文学演習」（1924 年度文学部学生便覧）、「学際日本文化論演習」（2020 年度教養学部学生便覧）などのように、学生の発表を中心としたゼミナールのことで、伝統的なアクティブラーニング型授業と言える。たとえば私の研究する日本古典文学の分野では、担当学生はテキストの担当箇所について、写本・版本のくずし字の翻刻、本文異同、語釈、現代語訳などを時間をかけて入念に準備することになる。

　その一方で、発表の担当以外の回については、ともすれば発表者と教員のやりとりを聴いていればよいという、受け身の姿勢になりがちである。その差を埋めるために、受講生全員に毎回当事者意識を持ってもらい、議論への積極的参加を促す方法の検討が必要となる。質疑応答も、「あてられるので気が抜けない」だけでなく、「議論に参加できるので退屈しない」という意識への転換を図ることが望ましい。また、少人数の演習では議論が尽きず翌週への持ち越しが生じることもあるが、初年次ゼミナールではSセメスターのみの科目である上に受講者も 20 人程度と多いので、全員が発表できるよう時間管理も重要となる[1]。

1.2　テーマ─「名所」の今昔

　「基礎演習」では語学のクラスを基に機械的に割り振られたため、新入生の興味・関心と教員の専門が一致しないことの方が多かった。それも新しい分野の魅力に気づく機会としては意義のあることだが、「初年次ゼミナール文科」となってからは新入生は初回のガイダンスに参加した上で、希望するクラスを届けることができるようになった。希望者が多いクラスについては抽選となり、必ずしも第 1 希望になるとは限らないが、「基礎演習」時代よりも各教員の専門に近い学生が集まるようになった。

　私は『源氏物語』を中心に平安時代の物語文学を研究しているが、古典を読むゼミは次のAセメスターの展開科目「人文科学ゼミナール（テクスト分析）」や教養学部後期課程の専門科目（進学内定生も受講できる）などもあるので、初年次ゼミナールではもう少し間口を広げ、ここ数年は「「名所」の今昔」というテーマを設定している。地誌を参考に「名所」の古典

における描かれ方を考察し、併せて今の姿に至る変遷を調査するというものである。多くのグループが取り上げる江戸については松濤軒斎藤長秋著『江戸名所図会』（1834（天保5）～1836年刊）を主な資料とし、昌平坂学問所地誌調所編『新編武蔵風土記稿』（1810（文化7）～1830（天保元）年成立）を併せて参照することにした。

東京大学の授業は1学期あたり105分×13週であるが（2020年度Sセメスター現在）、そのうち第1週は全体ガイダンス、第2週はアカデミックマナー合同授業のため、各クラスに分かれての個別授業は第3週からの11回となる。私のクラスでは初回の第3週を授業概要説明と全員の自己紹介、第4週を教員によるデモンストレーションおよびグループ分けと担当範囲設定、第5週をグループごとのプレ発表とフィードバックにあて、5月後半頃の第6週から第12週までの7回を学生によるグループ発表としている。最終回の第13週は授業全体のフィードバックと学期末レポート（小論文）の指導を行う。以下、個別授業の11回について主に2020年度の場合を例に述べる。授業TAは総合文化研究科博士課程の佐藤嘉惟君にお願いし、毎回の授業の前後に簡単な打ち合わせを行った。

2. 授業開始

2.1　シラバス

「「名所」の今昔」の「名所」は括弧で括り、今の名所に限らず、かつて名所と呼ばれた場所、今後名所となると思われる場所も含むという意を込めた。今昔の「今」については本やインターネットの情報はもちろん、実地に赴いて写真を撮ってくるグループもある。フィールドワークの対象は都内が多かったが、2019年度のある班は、『百人一首』の蝉丸の歌でも知られる「逢坂の関」を取り上げた。文献の読解にとどまらず、『蜻蛉日記』の藤原兼家の和歌、「逢坂の関はなになり近けれど越えわびぬればなげきてぞふる」における「近けれど」の検証として、逢坂山関址（滋賀県大津市大谷町22）から京都御所建礼門（京都府京都市上京区京都御苑3）までを実際に歩いてみたという驚くべき報告もあった。所要時間は2時間56分であったという。

冬に翌年度のシラバスを書く時点では、東京オリンピック・パラリンピックの開催される 2020 年度は特に聖火リレーのコース周辺の「江戸名所」を取り上げたいと考え、「聖火リレーと江戸名所」というテーマを掲げた。夏には実際のリレーと授業が並走できると思っていたが、その後、新型コロナウィルスの感染拡大に伴って 3 月 24 日にオリンピック・パラリンピックの延期が発表された。授業の形態についても、例年は教室に KALS を利用しているが[2]、Zoom によるオンライン授業となった。シラバスを修正することも考えたが、来年の開催に備えて一足早く予習することにして、このテーマのまま実施した。ただし、フィールドワークを取り入れることはできないので、2020 年度は文献の読み込みに特化した。シラバスに記載したこの授業の目標・概要は以下の通りである。

　来る東京オリンピックの聖火リレーは 3 月 26 日に福島県からスタートし、7 月 10 日から 24 日にかけて東京都内を走る予定であるという。この授業では聖火リレーの東京ルートの各区間に選ばれた「江戸名所」を取り上げ、『江戸名所図会』などの古文献を繙きながら古典から現代までの「名所」の今昔を追ってみたい。江戸時代には江戸や京都などの「名所」を解説する「名所図会」のシリーズが編まれた。そこでは『源氏物語』や『伊勢物語』などの古典も引用される。たとえば「隅田川」を例にとれば、本郷から隅田川へ続く「言問（こととい）通り」は『伊勢物語』の「いざ言問はん都鳥」に由来するし、お台場を走る「ゆりかもめ」の命名も元をたどれば「都鳥」に行き着く。「名所」の歴史をたどることを通じて、今の街の姿を再考し、あわせて古典に対する理解を深めるきっかけにしてほしい。

【2020.4.2 追記】

　今年度はフィールドワーク等は行わず、『江戸名所図会』などの文献や各種データベースを駆使して「名所」の今昔を探ってゆくオンライン授業を予定しています。

2.2　発表のデモンストレーション

　先にも触れたように、第 3 週にあたる個別授業の初回（4 月 21 日）に上述の授業の概要説明と、全員の自己紹介を行った。自己紹介については簡

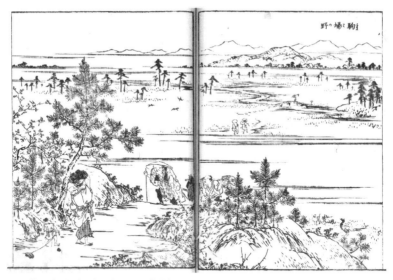

図1.『江戸名所図会』巻8「駒場野」（架蔵）

単なメモをクラス内で相互に参照できるよう、ITC-LMS（情報基盤センター学習管理システム）の「課題」フォームに「自己紹介メモ」を設けて各自入力してもらった。

　続く第4週（4月28日）は、グループ発表のデモンストレーションとして私が「駒場今昔物語2020」と題して東京大学教養学部のキャンパスがある「駒場」の今昔を例に発表の要領を説明した。

　江戸時代の「駒場野」を描いた『江戸名所図会』の記事を基に、歌川広重（二代）の『江戸名勝図会』および『風俗画報』の鶉狩や、1870（明治3）年4月17日の明治天皇駒場野練兵場親謁を描いた一孟斎（歌川）芳虎画『駒場野之風景』（同年刊）のことなど、資料の検索方法も含めて紹介した。斎藤県麿（幸孝）著『郊遊漫録』（『江戸地誌叢書』巻7所収、1974年、有峰書店）にも駒場野や加藤定右衛門の記載がある。

　東京オリンピックとの関連で、駒場キャンパス野球場の枝垂れ桜についても紹介した。1964年の前回東京オリンピックの際、外国人選手の練習場所として駒場キャンパスの体育施設を提供し[3]、その御礼として東京都から（「オリンピック委員会」からとする説もある）贈られたという。オリンピックの聖火は戦後初の国産旅客機YS-11（愛称オリンピア）で国内各地

に運ばれたが、YS-11 の設計室は駒場 II キャンパスの、今は生協食堂となっている建物に置かれた。

2.3 発表要領

デモンストレーションの後、発表準備に際しての約束事として、

1) 聖火リレーのルート周辺にある「江戸名所」の「今昔」を調査して発表する。
2) 準備で古典を読むことを心がけ、特に『江戸名所図会』の記事は丁寧に追う。
3) ジャパンナレッジ所収の資料などを用いてその記事を裏付ける。
4) 挙げた資料は責任をもって読めるようにしておく。
5) 発表資料は、前日の 20 時までに ITC-LMS にアップロードする。

の 5 点を示した。3) に関して、『江戸名所図会』は JapanKnowledge Lib に画像と翻字が入っているし、『新編武蔵風土記稿』は写本は国立公文書館デジタルアーカイブ、活字本は国会図書館デジタルコレクションで閲覧できる。後者については「江戸後期 武蔵・相模国 村名マップ」[4] が便利で、今の地図から『新編武蔵風土記稿』該当頁へのリンクが貼られている。聖火リレーのルートについては、「オリンピック聖火リレールート情報」[5] などのウェブサイトを参照した。特に学期の前半は緊急事態宣言下で図書館も閉館しており、デジタルアーカイブに習熟することがゼミを進める上で不可欠であった。JapanKnowledge Lib を含む東京大学の契約データベースへは、GACoS から SSL-VPN Gateway サービス（学生）や認証 GW サービス（教職員）により自宅からでもログインできる。『日本国語大辞典』、『新編日本古典文学全集』、『日本歴史地名大系』などを参照できる。

2.4 グループ分け

連休に入るまでにこの日の授業でもう一つ済ませておかなければならなかったのは、発表のグループ分けである。今年度のメンバー 23 人の担当

区間は、

　　5月19日　第1走者（3人）
　　　1日目　　世田谷区・狛江市・稲城市・町田市
　　　2日目　　多摩市・日野市・昭島市・八王子市
　　　　　　　　　　　　　：
　　7月6日　第7走者（4人）
　　　14日目　目黒区・渋谷区・渋谷区・港区
　　　15日目　新宿区

などのように予め枠組を設定しておいた。

　学生達の「走る」（発表担当）区間と発表日はくじ引きによる無作為抽出で決める。例年は担当日を記した紙のくじを用意するが、今年度はウェブサイト「くじびきの王様―クジビキング」[6] を用い、設定は TA にお願いした。Zoom のブレークアウトセッションの自動振り分けはアルファベット順となるらしく、今回は用いなかった。

　くじ引きの結果に基づいて手動でブレークアウトセッションを設定し、発表に向けてグループ内で連絡先を交換する時間をとった。ブレークアウトセッション中のやりとりは他グループのメンバーや教員・TA には見えず、チャットもグループ内にのみ届く。連絡先の交換には、チャット、音声、もしくは手書きのメモをカメラに掲げるなどの方法がある。発表準備は個別に発表スライドを作ってからお互いに検討してもよいし、Google ドライブや OneDrive などにスライドを載せて共同編集する方法もあることを紹介した。

2.5　プレ発表に向けて

　ここでゴールデンウィークを挟むことになるため、連休明けの次回授業までに以下のグループ課題を示した。

　　1）話し合いの上で、自分の担当区間を決める。
　　2）他のメンバーの担当区間についても把握する。

3) 自分の担当区間と『江戸名所図会』の該当箇所を調べる。現時点では記述内容まで入らなくてよい。
4) 地図アプリを使った資料一枚を作ってみる。
5) 5月12日の授業で予告できるよう1～2分程度にまとめてグループの他のメンバーに伝え、ブラッシュアップする。
6) 12日の授業ではそれを他のメンバーが予告として発表する。原稿を受け取って読むのではなく、自分の言葉で語り直す。

3. 発表とフィードバック

3.1 オンラインのグループワーク

連休明けの第5週以降では、例年は毎回席替えを実施し、KALSの勾玉テーブルに4人程度ずつ着席してもらう。発表後のフィードバックで、クラスの異なるメンバーとも議論できるようにするためである。オンライン授業の今年度は、入室時に先のウェブサイトでくじを引いてもらい、結果にしたがってフィードバックの時間にブレークアウトセッションを設ける。発表者の班のみはそのメンバーのまま、反省会をしてもらう。Zoomに表示される氏名表記の前に各自でくじ引きの結果による1～6のセッション番号（例：4人×5セッション＋発表者3人）を付けるよう促すと、「参加者」が番号順に並び、ブレークアウトセッションの手動設定がしやすい。このクラスではオリンピックの縁語でゼッケンと呼んでいた。

3.2 グループ発表

第5週（5月12日）では、各区間の「走者」がどのような区間を担当するか、自分たちの担当区間について各自が短いプレ発表を行った。グループ内の別のメンバーの区間を紹介することで、準備の進捗を相互に確かめられるように努めた。自己紹介に対する他己紹介の手法の応用である。この手順を踏んだために準備が独立分業にならず、5月の連休中もグループ内でZoomやLINEなどにより適宜相談がなされたようである。

発表に対する質問やコメントは、通常は発表の後に時間を取っているが、今年度は発表中に誰でもZoomのチャットに自由に書き込んでよいこと

にした。こうしたコメントは、カメラに語りかけることに不安を覚える発表者にとって、聴き手の反応をライブで感じられたようで好評だった。学生達からは鋭い意見や扱われた名所への感想（「行ったことがある」なども含め）が寄せられ、私とTAもチャットで地名の誤読を訂正したり参考文献のリンクを知らせたりした。

　この回の後半は、発表に向けてのグループ活動にあて、ブレークアウトセッションでまとまった時間を確保した。

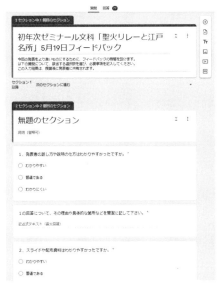

図 2. フィードバックの Google フォーム

　第6週（5月19日）から各グループの発表を開始した。発表時間は、3人班は45分、4人班は60分程度を目安とし、TAに大まかなタイムキーパーをお願いした。どのグループも、直接は会えない中で資料の読解やプレゼンテーションの練習など、入念に準備して臨んでいることがうかがえた。9日目区間では石神井の照姫伝説などを取り上げた15分で81枚のスライドという力作もあり、7日目区間の三宅島の紹介では『江戸名所図会』巻7の 英 一蝶の記事が紹介された。

3.3　フィードバック

　発表の後はフィードバックの時間とする。Think Pair Share により、まずは各自が発表をどう聞いたかを発表時間、準備、関心を持った「名所」などについてふり返る。プレ発表の折は特に用意しないが、本発表の後にはフィードバックシートを毎回配って記入してもらう。オンライン授業の今年度はTAが設定したGoogleフォームに入力してもらった。それがすんだところで、くじ引きで決めたフィードバック用のブレークアウトセッションを始める。今年度は10分としたが、その時間に自分が記入

した内容をセッション内で共有する。その様子は他のセッションからは見えない（教員・TA は必要があれば各セッションに参加できる）。この時間については、お互い会えない中で毎回変わるメンバーと直接話せてよかったとアンケートでも評価が高かった。時間が来たら再び全体の部屋に戻り、フィードバックの内容を全体で共有する。セッションごとに代表の一名がどんなことを議論したか、簡単に報告する。それを受けて教員や TA がさらに深めるとよい点などについて、補足のコメントを加える。

　この辺りで授業の終了時刻となるので、退室の際にはフィードバックシートを提出してもらう。オンライン授業の場合はここでフォームを送信してもらう。無記名のシート・フォームのため、ここで回収を失念すると、全員分を後で取りまとめるのに（特にオンラインの場合）手間がかかるので注意を要する。回答結果については、その回の発表者にのみリンクを伝えた。

　この形での発表が 7 班分、第 12 週（7 月 6 日）まで続いた。

3.4　レポート（小論文）

　学期末のレポートについては、発表のフィードバックでのコメントの他、最終回の第 13 週（7 月 13 日）で書き方について指導した。はじめにレポート全般の書き方について TA から執筆体験を交えた説明があり、その上で私から今回の課題について具体的に説明した。

　レポートの課題は発表内容からトピックを選び、フィードバックのコメントも踏まえて深く掘り下げるものとした。学生に示した要領は概ね以下の通りである。

---

1) 締切は 8 月 20 日（木）20:00 厳守、Word ファイルを ITC-LMS にアップロード。提出されているかを画面で必ず確認すること。4,000 字以上（図表やスペースを含まない）。

2) 発表中、行政や寺社のホームページの引用もあったが、できればそれらの説明がどんな文献に基づくのかも突き止めてほしい。

3) 全体像を概説的に少しずつまとめるのではなく、トピックを選んで、準備段階での発見や自分の見解、フィードバックでの要望を織り込みつつ

述べる。文献の引用に際しては、アカデミックマナーに十分注意すること。

4) これまでの提出資料と同様にレポートも相互参照可とするが、公平を期すため締切後の公開とする。お互いのレポート（それは江戸名所案内ともなる）を読み、江戸名所についてさらに理解を深めること。

　この日の後半には、授業全体のフィードバックを各回と同様の手順で行った。Google フォームの回答結果については全員で共有した。教養学部の授業評価アンケートもここで実施した。

　豪徳寺の招き猫の由来、恋ヶ窪の一葉松伝説、浅草寺縁起と観音像、渋谷川や三田用水などの渋谷の水系といったテーマをめぐって、「今昔」を意識した興味深いレポートが提出された。中には 10,000 字を超える大作もあった。

4.　狭山の池

4.1　『江戸名所図会』と『枕草子』

　発表内容を掘り下げることに関して、今年度に取り上げられた江戸名所から一例を挙げる。3日目の発表の中では「狭山池」（東京都西多摩郡瑞穂町大字箱根ヶ崎）が取り上げられた[7]。「東村山音頭」にも歌われる茶所狭山である。発表では現在の狭山池公園や『新編武蔵風土記稿』の挿絵をスライドで紹介しつつ、『江戸名所図会』の「狭山の池」の項に次のような説明があるとの報告があった。

　　箱根ヶ崎駅舎の西北の脊に存する所の池水を狭山が池の旧跡とす。……
　　清少納言曰、池は狭山の池、みくりといふ歌のをかしくおぼゆるにや
　　あらん、などありて、みくり・あやめ・ぬなはを名物とす。

　発表した学生は、この記述に『枕草子』の「狭山の池」が引用されていることに触れた上で、『枕草子』の「狭山の池」は今日では河内（大阪）のそれと解されており、『江戸名所図会』の勘違いではないかと指摘した。

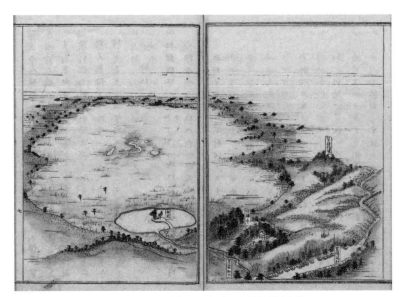

図 3.『新編武蔵風土記稿』多磨郡巻 32「狭山の池」（国立公文書館内閣文庫蔵）

　たしかに、『枕草子』の「池は」の段には、

　　狭山の池は、三稜草といふ歌のをかしきがおぼゆるならむ。
　　（狭山の池は、「三稜草」という歌の面白さが想起されるのだろうか。）

という一節があるが、JapanKnowledge Lib 所収の『新編日本古典文学
全集』には「狭山の池」に対し、「大阪府南河内郡にある狭山池」という
注がある。河内の「狭山」は古く『古事記』、『日本書紀』にも見られ、当
時は「狭山」と言えばこちらを指した可能性が高い。発表で試みられたよ
うな、『江戸名所図会』に紹介される古典を自分の眼で丁寧に点検する作
業は、古典が長い時間をかけてリレーされていくさまを知る上で大事な手
続きである。
　この「勘違い」についてはさらに考察を深めることもできる。1674（延
宝 2）年刊行の『枕草子』注釈書、加藤盤斎『清少納言枕双紙抄』には、

22

　　狭山池 サヤマノイケ 武蔵

六帖　武蔵なる狭山が池のみく
りこそ引ばたへすれ我や絶する

という注があり[8]、「狭山」違いは
すでにこの時点で生じていることが
わかる。そうなると、『江戸名所図
会』の勘違いは作者一人によるもの
ではなく、むしろ広く江戸時代の
『枕草子』理解に基づくものと言え
るのではないか。

4.2　「六帖」と『松葉名所和歌集』

　『清少納言枕双紙抄』には武蔵説
の傍証として「武蔵なる狭山が池」

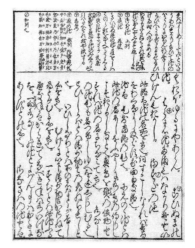

図4.『清少納言枕双紙抄』（九州大学附属図書館音無文庫蔵）

の歌が挙げられる。歌の前に「六帖」とあるのは、平安時代成立の『古今六帖』を指すと思われるが、『古今六帖』の該当歌（巻6・3955）の初句は「武蔵なる」ではなく「恋すてふ」で、肝心の箇所に異同があるため、残念ながら『枕草子』時代における「狭山＝武蔵」の証拠とはならない。六字堂宗恵編『松葉名所和歌集』（1660（万治3）年刊）の巻12に、「六帖」として「武蔵なる狭山が池」の形で載るため（第4句は「引ばたえすれ」）、『清少納言枕双紙抄』もこの歌集から「六帖」の注記ごと引用したのかもしれない。『江戸名所図会』にも『枕草子』の紹介に続けて、『松葉名所和歌集』の和歌が引用されている。

　このように考えていけば、江戸人にとっての「名所」が古典との交わりの中で成立していることが感じられるし、それは今の東京名所を考える基盤となる。授業中のチャットやフィードバックで紹介しきれなかった資料のうち、特に必要なものは、フォローアップとして事後にITC-LMSに画像もしくはリンクを載せておいた。今年度はフィールドワークに出かけられず、今昔の往還は必ずしも十分でなかったが、新入生達はさまざまなデジタルアーカイブを駆使して江戸の名所めぐりを試みてくれた。発表者と聴き手の双方から「コロナが落ち着いたら行ってみたい」という声の上

がる名所がいくつもあったので、それはいずれ是非実行して今昔の「今」
を補完してほしいと思う。

(注)

1) これらの点は、2016 年 11 月 27 日に東京大学駒場 I キャンパス 21KOMCEE East
   で行われた、駒場祭シンポジウム「東京大学『初年次ゼミナール』の挑戦 II アクテ
   ィブラーニングの実践例を中心に」における岡田晃枝氏・中村長史氏との対談で議論
   した。
2) KALS での授業の折は、ICT の活用について教養教育高度化機構アクティブラーニ
   ング部門の小原優貴氏の支援を得た。
3) 『教養学部報』第 124 号、1964 年 9 月 18 日。
4) https://fudoki.midoriit.com/
5) https://tokyo2020.org/ja/torch/route/
6) https://kujibiking.clavis.bz/
7) 1934 年に造られた埼玉県所沢市勝楽寺の「狭山湖」(山口貯水池) とは異なる。
8) 萩谷朴『枕草子解環』同朋舎出版、1981 年。
                    (ウェブサイトの最終閲覧はいずれも 2020 年 9 月 16 日)

第2章

平和のために東大生ができること
——海外研修の準備授業の事例

岡田晃枝

---

1. 授業の背景情報

1.1 概要

　グローバル人材の育成が重視される中、多くの大学で学生の海外留学や短期の海外研修のプログラムが展開されている。筆者は前期課程（1・2年生）を対象とする主題科目「全学自由研究ゼミナール」の授業の一つとして、キャンパスでの学びと海外の現場での体験を組み合わせた「平和のために東大生ができること」と題する授業を2011年から継続して出講している。

　最初の3年は核軍縮・不拡散をテーマとし、国連軍縮部の協力を得てニューヨークの国連本部で研修を行った。以降、履修生たちの関心にあわせ、「平和と安全保障」という大きなテーマの中で、さまざまなトピックをとりあげ、そのトピックに合わせた海外の研修先を選んできた。

　2015年度から主題科目の中に国際研修という科目が創設されたことで、「平和のために東大生ができること」は、全学自由研究ゼミナールとして1学期間キャンパスで学ぶ部分と、国際研修として約2週間の海外体験をする部分とを別々の授業として実施することになった。ただし、全学自由研究ゼミナール「平和のために東大生ができること」で「合格」の成績を

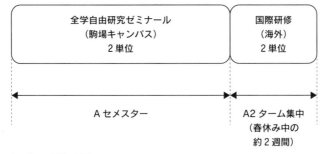

図. 2つの授業の配置

取ることが同名の国際研修履修の条件となっている。

　前述のとおり、当初は主な研修先をニューヨークの国連本部としていたが、他にも国連本部を研修先とする授業が出てきたこともあって、近年は、担当教員である筆者の研究フィールド、中央アジアの国々で研修を行うことが増えた。強い権威主義体制下にあるこれらの国々では、日本の大学で学ぶ学生たちとは大きく異なる背景を持つ若者と接触することになり、その分、わざわざ外国に場を移して学ぶ意義は大きい。これまでに、永世中立国であるトルクメニスタンで3回、ソ連時代にソ連最大の核実験場を擁し、今も後遺症で苦しむ人々がいるカザフスタン共和国で2回、独立後に3度の「革命」を経験し、民主化への道に苦悩するキルギス共和国で2回、研修を実施した。

　国際研修の授業が丸ごとアクティブな学びであることは言うまでもないが、本章では、その準備として主に駒場キャンパスで実施する全学自由研究ゼミナールの授業でのアクティブラーニングを中心に記述する。必要に応じて適宜、国際研修の授業内容にも触れる。なお、2020年度は海外渡航の可能性がほとんどない状態で学期が始まったため、それまでの同授業から大幅に授業内容も位置づけも変更して実施した。本章の「お題」にかんがみて、授業に関する具体的な記述には、2020年度のものではなく2019年度、またはそれ以前の年度の例を用いることにする。

1.2　受講者

　途上国での安全な引率のため、履修者を20名までに制限している。初

回授業時のガイダンスには、多い年には80名近い履修希望者が参加するが、全学自由研究ゼミナールの授業の中でかなり重い課題を出してセレクションを行い、国際研修の実施に支障のない規模まで人数を削減する。所属科類で選別することはしていないが、文科一類、二類、三類の学生がほぼ同数、理科生が2・3名、という構成となることが多い。

1.3 授業支援者

駒場で授業を行う全学自由研究ゼミナールでは、前年までに同じ国際研修に参加した3年生以上の学生・院生がボランティアでサポートを務めてくれる回が多い。現地の学生と実際に議論した経験をふまえて、履修生の発表や議論に建設的なコメントを加えてくれる。

渡航直前には、外務省をはじめとするする省庁や、現地でビジネスを行っている企業などを訪問し、実務担当者からレクチャーを受ける。過去に同名の国際研修に参加した卒業生が、これらの組織の職員としてレクチャーを担当してくれることもあり、履修者のモチベーション向上に大いに役立っている。

1.4 教室

グループワークを重視する授業のため、机・椅子の可動性の高い21KOMEE West の教室または駒場アクティブラーニングスタジオ（KALS）を使用している。作業内容に応じて「まがたまテーブル」を組み替え、1グループあたりの人数に適した大きさの島を作る。これらの教室では、島と島の間に十分なスペースが確保できるので、必要に応じて、他のグループのメンバーに意見を求めるために移動することも容易である。また、教室備品の PC またはクロームブックを利用して、家庭学習の成果を共有したり、共同でプレゼンテーションを編集するなどの作業を行った。

2. 授業の目的・到達目標と構成

2.1 目的

上述したとおり、本章で中心的に紹介する全学自由研究ゼミナール「平

和のために東大生ができること」は、同名の国際研修の準備授業の役割を持つ。2015 年度以降のこの国際研修では、持続可能な開発目標（SDGs）の目標 16「平和と公正をすべての人に」を大きなテーマとし、渡航先で国連諸機関を訪問して専門家からブリーフィングを受けること、現地の大学で SDGs をテーマとする学生ディスカッションを企画・実施すること、の 2 点を含めた目標を立てている。渡航先では大学の学生寮に宿泊し、集団生活をすることになる。未成年を含む 1・2 年生用の授業であり、ほとんどの学生にとってなじみのない国での研修なので、研修中のプログラムはほぼすべて全員そろっての参加を前提としたものである。

　残念ながらコロナ禍で渡航中止となり、代替授業に変更せざるをえなかったが、2019 年度はトルクメニスタンに渡航する予定であった。全学自由研究ゼミナールでは、国際研修のこれらの目標を達成できるよう、SDGs およびトルクメニスタンの政治・社会について十分に学ぶことに加えて、グループワークを積極的に取り入れることによって国際研修で共同生活をする履修者どうしが互いの能力・適性を理解し合い補い合う素地をつくることを目的として開講した。

2.2　到達目標

　前述の目標にてらして、下記の到達目標を設定した。① ② ③は、国際研修で現地に渡航した際に英語で発表できるよう、グループでパワーポイントおよび読み上げ原稿にまとめさせた。⑤は漠然とした内容であるが、フリーライドする学生や、一人で仕事を背負いこむ学生がいないかどうかを学習管理システムや SNS を使って確認するようにした。

---

① 　国際的な開発目標に関して、歴史的な変遷や SDGs 採択までの経緯、過去の国際的開発目標に対する SDGs の特徴について概説できる

② 　SDGs の 17 の目標のうち、目標 16「平和と公正をすべての人に」を含む 4 つを選び、それらに関するトルクメニスタンの現状と、達成に向けた取り組みについて説明できる

③ 　②の 4 つについて、日本の状況と、改善のための取り組みについて説明できる

---

④　現地での学生ディスカッションの企画書を作成し、役割分担をする
⑤　授業の課題にともに取り組むことで、協力し合える関係を築く

2.3　授業の構成

　全13回のうち、最初の3回をインプット、続く7回をプロセス、最後の3回をアウトプットのための準備に充てた。

　第1～3回は、SDGsおよびトルクメニスタンの政治・経済・社会に関するレクチャーの後、グループで宿題のピア・レビューを実施した。現代中央アジアの政治に関する英語論文を指定して、要旨をまとめた上で、自分で論点を定めてレポートを書くことを初回の宿題とし、第2回は、その論点にそくして自分で複数の文献を調べて読み、さらに掘り下げたレポートを書くこと、第3回は、国連トルクメニスタンオフィスのウェブサイトから、自分の定めた論点に関わる事例やデータを調べてレポートをブラッシュアップすることとした。

　ここまでの授業と課題を通して、SDGsの17のゴールのうち、トルクメニスタンに関連して各自が特に関心を持つものが明確になってきたので、第4回授業時に話し合い、「地域の平和と安全保障（永世中立政策）」「経済・環境」「ジェンダー・男女共同参画社会」「人権・平等」の4つのグループ[1] に分けてメンバーを固定した。各グループで手分けして、それぞれのトピックについてトルクメニスタンの現状や取組を調べ、それに対する自分たちの見解をまとめ、さらに対比として日本の状況と取組を調べてまとめる作業を行った。各自で調べてきたことや考えてきたことを授業時に持ち寄って、まずはグループですり合わせ、議論する。議論した内容を全体発表して、他のグループのメンバーと知識を共有するとともに、他のグループのメンバーから質問やコメントをもらい、自分たちの議論や論拠となる資料・データを見直し、次の授業までの課題を自分たちで決める。これを繰り返した。

　トルクメニスタンに関する調査と議論に区切りがついたら、次は同じトピックに関する日本の状況を調べ、それに対する解説や論考を読み、グループでの議論と全体発表を繰り返した。

　最後の3回は、現地で英語でプレゼンテーションすることを前提に、

SDGs に関わる「日本とトルクメニスタン共通の課題」または「日本とトルクメニスタンで協力できること」という方向性で、各グループの議論をまとめ、パワーポイントで発表用資料を作成させた。グループで調べ、議論した内容の中から何を取り出して発表し、どのような論点を提示すればトルクメニスタンの学生が議論に乗りやすいか、また、日本についての説明をどうまとめれば誤解なく理解してもらえるかを真剣に議論し、図や表に工夫をこらし、全学自由研究ゼミナールの最終成果として、研修日程前に4つの力作が提出された。

写真1：2019年3月に実施したカザフスタン・キルギス研修にて、キルギスの国連ハウスにてブリーフィングを受ける学生たち。

写真2：2018年3月に実施したトルクメニスタン研修にて、学生ディスカッションの様子。

3. 授業設計・実施における工夫

3.1 ルールの共有

　海外で発表し、議論する際には、日本人どうしであれば感覚的に何となくわかるだろうと思われるようなあいまいな表現や、「問題解決のためには個々人が努力する必要がある」のような内実をともなわない「きれいな」まとめでは、相手に納得してもらえない可能性が高い。国際研修の準備授業としての全学自由研究ゼミナールでは、そのようなあいまい性を互いに徹底的に批判したり、主張にいたる論理の矛盾を探し出して指摘することが必要になる。批判的に考えることに慣れておらず、予定調和的な議論しかしてこなかった学生にとっては、これは非常に難しく、批判することに躊躇し、批判されるとすべてを否定された気になるものである。

　そこで、相手の発表を明解で論理的なものにするために、互いに批判し

あうことがこの授業では大事であるということをはっきりと伝え、他の人の発表に必ず質問・コメントをすること、相手の発表に論理的な矛盾がないか真剣に探すこと、論理的な矛盾や論拠不明であいまいな主張があれば、きちんと相手にそれを伝えてあげること、相手からの批判的コメントを建設的に受け取ることを、この授業の約束事として履修生に伝えるようにしている。これを最初に学生に告げることで、授業中の発言への学生のハードルはかなり下がる。建設的な観点から批判しあうことの重要性に納得した学生ばかりでなく、発表に質問やコメントをしないと成績が下がるのだと誤解する学生もいないわけではないが、質問の回数を重ねてゆくにつれて、それが他の学生の発表を聞くときの基本的な姿勢となってゆく場合が多い。良い質問やコメントが出た際には積極的にほめるようにし、言葉足らずの発言には補足をすれば、徐々に質問力・コメント力が向上する。

　もう一つ、この授業では、マイノリティやジェンダーなど、立場によってとらえ方が大きく異なる可能性のある問題をあつかうこともあり、また、発言に本人の政治思想が表れてしまうようなことも起こりうるため、チャタムハウス・ルールを適用することも宣言した。授業内の発言をとらえて授業の外で「ＡさんはＢという思想の持ち主だ」といったことを吹聴するのを禁じることで、学生が意見を表明しやすくなることが期待できる。その前に、他の人に知られたくない個人的な事情について、授業中に公表を強要することはないということも、約束しておくことが重要である。

3.2　日本についての知識の相対化

　海外体験の授業に参加しようとする学生の中には、えてして研修先の国の知識を得ることには積極的だが、一方で、現地に到着して先方から日本や日本人、日本社会について質問された場合に備えて事前に勉強しておくことを怠る者が一定数いる。こちらから質問しておきながら、同じ内容を問い返されて日本の例を答えられず相手をがっかりさせてしまったり、思い込みや自分自身の見解を「日本人の考え方」として安易に話してしまうといった事例もある。渡航先で、東京大学の学生との交流プログラムに参加する現地学生は、日本や日本人に強い関心を持っていることが多い。彼らは「日本ではどうなのか」「日本人はどう考えるのか」を知りたがる。

こちらが現地のことについて知りたいならば、代わりに日本についても適切な情報を供与できるようにしておくことが望ましい。

　この海外渡航の授業で、国連などで専門家に話を聞くだけでなく、現地の学生とのディスカッションにとくに力を入れ始めてから、現地学生の日本に対する関心に十分に応えられない状況を何度か目にする羽目になり、日本についてのプレゼンテーションの準備を具体的に指示するようにした。

　ここで強調したいのは、細切れのプレゼンテーションを学生それぞれに作ってこさせてそれを貼り合わせるのではなく、自分たちのメインの発表の中に入れ込むため、世論調査や統計資料、関連の学術論文、メディアの報道、各種報告書などの資料を手分けして集めたあと、教室に持ち寄ってグループ内やグループ間で議論しながら情報をいっしょに整理し、その背景を考察した上でスライドを作成することをあわせて指示したという点である。これによって、同じように日本国内で育ち同じ大学で勉強している若者どうしでも、知っている「日本」が異なる場合があるということを学生たちは実感することになる。各自でプレゼンテーションを作るのではなく、グループでディスカッションをし、協働作業をすることで、自分が当たり前だと思っていた母国に関する知識を相対化することの必要性が認識できるのである。

　これは海外研修をする学生にとって非常に重要なポイントだ。研修先では、学生たちは「日本の代表」として扱われる。自分が生きてきた環境、知っている範囲のみで「日本」を語るのではなく、より広く、さまざまな情報を入れた上で、データや専門家の見解を引用しながら、多様性をふまえて説明できるようになることを目指させるように心がけた。

　同様の理屈で、現地の学生一人か二人にインタビューした結果を、たとえば「カザフ人の総意」として理解することは必ずしも適切ではないかもしれない、ということに思い至ってほしいと考えている。とくに100を超える民族からなるユーラシアの多民族国家においては、多様な考え方が存在しても不思議ではない。安易に「民意」とひとからげにするのは非常に危険と言わざるをえない。サンプルを増やすこと、統計資料や他の調査資料で裏付けを取ることなど、学術研究に必要なスキル獲得につながることが望まれる。

3.3　グループ固定化の弊害を取り除く

　冒頭に述べたとおり、この全学自由研究ゼミナールは、国際研修の準備授業であり、到達目標の⑤に挙げたとおり、慣れない国での制約の多い集団生活を円滑に進めるために、キャンパスでの授業を通じて互いの長所を認識しあい、協力して困難を乗り越える練習をすることも、授業の目標の一つである。

　しかし英語での質の高いプレゼンテーションを限られた時間内に仕上げるためには、授業時間の多くをグループでの活動に割かざるをえず、それによって、グループ内では互いに理解しあえる関係が作れるが、いっしょに研修に参加するのに他のグループのメンバーは顔と名前が一致しないといった状況におちいる危険性があった。そのため、グループワークに入る前の2回の授業（初回はガイダンスのため自由席）では、履修者名を記した三角席札をA4の用紙で作成し、それをランダムに机上に配置して、該当する学生をその席に座らせることで、知り合いどうしで固まらないように配慮した。また、グループワークが始まってからも三角席札を使うようにして、別のテーブルの学生の顔と名前を覚えられるように工夫した。グループごとに時間を決めて「他のグループに交じる時間」を作るようにも心がけた。

3.4　提出物の相互閲覧で学び合い

　レポートの書き方や引用文献の書誌情報の記し方、退屈しないプレゼンテーションスライドの構成や図表作成のポイントなど、授業時に説明するだけではなかなか身につかない。その一方で、学生は、他の学生のパフォーマンスには敏感であるし、より良い成績を得るために優秀なクラスメイトの作品の良い点を取り入れることには貪欲である。そこで、宿題はすべて学習管理システム上で提出してもらい、締め切り時間後に履修者どうしが相互に提出物を閲覧し合えるように設定を変更して、学び合う環境を演出した。提出物を相互閲覧することは、課題掲載時に付記しておき、他の学生に見られることを理解した上で提出してもらったので、より緊張感をもって課題に取り組んだ学生が多かったようだ。

　この相互閲覧・学び合いの仕組みは、この全学自由研究ゼミナールだけ

でなく、筆者が担当している初年次ゼミナール文科など別の授業でも利用
しており、高い効果を実感している。

3.5 教室の外に持ち出すアクティブラーニング

この授業では、上に記した教室の中でのアクティブラーニングだけでは
なく、教室の外でも渡航先の情報を得られる機会を積極的に学生に紹介し、
学生もそれに応えてくれた。たとえば2019年10月の即位の礼に参列す
るために来日したトルクメニスタンの大統領が講演会を実施することにな
り、在京のトルクメニスタン大使館から招待状をもらったので、学生18名
とともに参加し、同席したビジネスマンやメディアの方々と情報交換を行
った。2020年11月には、トルクメニスタンの大統領が執筆した書籍の日
本語訳出版の記念式典を、オンラインで東京とつないで実施したいという
トルクメニスタンの大学からの誘いがあり、筆者が講演を引き受けるのと
引き換えに、同イベントへの履修生のオンライン参加を許可してもらった。

これらのほかに、「協力して何かをつくる」取り組みとして、過去には
被爆証言をモチーフとして利用した美術展示や、駒場祭でのポスター発表、
国連が若者に向けて発行した軍縮のためのアクションガイドの翻訳
(https://www.unic.or.jp/news_press/info/15364/)、原爆にかかわる表象
をめぐる駒場博物館での特別イベント企画・実施、世界の歴史教科書での
「ヒロシマ・ナガサキ」に関する記述の比較研究の発表、カザフスタンの
学生にも協力してもらって作成した軍縮・不拡散関連動画など、力を合わ
せていくつものプロジェクトを実施してきた。国際研修時に現地で披露す
る日本の歌やダンスなどの出し物の練習も、一種のアクティブな学びと言
えるかもしれない。

4. オンライン化への対応

2019年度の国際研修「平和のために東大生ができること」は、2020年
3月上旬から中旬にかけてトルクメニスタンで実施する予定となっていた
が、渡航2週間ほど前に、学部の決定として、2020年2-3月の国際研修
はすべて中止と決まった。

　本章が主な対象としている全学自由研究ゼミナールの授業は、それまでに対面ですべて終了していたが、国際研修のキャンセルにともない、履修登録者に対して国際研修の代替授業を駒場キャンパス内で実施することになった。ちょうど代替授業実施の少し前に、2020年度Sセメスターの東京大学教養学部の授業はすべてオンラインで実施することが決まり、それにあわせた授業準備の時期と、国際研修の代替授業の時期がちょうど重なることとなってしまった。感染を恐れて人の多い場所に出ることを躊躇する学生や、できるだけ早急に実家に帰ってインターネット環境を確保したいという一人暮らしの履修生もいたため、2020年4月の全学オンライン化に先がけて、3月の国際研修の代替授業を、急遽、オンラインと対面のハイブリッドで実施することに決めた。

　まだ大学の体制が整う前だったこともあって、個人でZoomアカウントを取得し、機能を調べつつ、学生と協力しながら、ハイブリッド型の授業を実施した。学外の専門家にレクチャーを依頼したり、JICAの職員を招いてワークショップを実施したりと、初めてのハイブリッド授業ながら、いろいろな冒険もしてみた。ブレイクアウトセッションを利用してのグループワークは非常に有効に機能した。画面共有を利用して、教室からの接続者と自宅からの接続者が同時に発表できたことにも感動した。

　その一方で、学生たちからは、全学自由研究ゼミナールで互いに仲良くなった間柄だったからこそオンラインでの画面越しのディスカッションにさほど抵抗を感じることはなかったが、初対面の相手だったら画面越しの会話には違和感を覚えそうだ、議論しにくいと思うといった感想が寄せられた。また、個人のノートPCを持って大学で授業を1年間受けた今だからこそ、Zoomを苦労なく使えたが、ノートPCを購入したばかりの入学直後だったら、うまく使えていたとは思えないという声もあった。授業の途中で回線が切れてしまったり、マイクの調子が悪くて声が入らなかったりといった不具合を経験した学生は、少人数授業で教員とも他の履修生とも関係構築ができていたからこそ、チャットに切り替えたりチームアプリを利用して再度連絡を取ろうと努めたが、初めての教員による人人数の授業だったら、再接続をあきらめていたかもしれないとこぼしていた。

　筆者は、第1章や第10章で取り上げられている初年次ゼミナール文科

の 64 の授業の取りまとめ役を務めている。2020 年 3 月の国際研修の代替授業でのハイブリッド授業の経験と、そのときの履修者からの声をふまえて、2020 年度 S セメスターの初年次ゼミナール文科の授業担当者向けに情報共有シートを作成し、オンライン授業時の注意点を書き込んだ。また、リアルタイムのオンライン授業を自分が自分の端末から発信するというのがイメージできないという教員数名には、ハイブリッドで実施した国際研修の代替授業を見学してもらい、簡単な操作説明を行った。代替授業に参加してオンライン授業を多少なりとも経験した学生に依頼して、操作が不安だという教員のテスト接続と Zoom 操作の練習相手になってもらうなどの措置も講じた。

　PC を使い慣れていない学生にとってハードルが高いかもしれないという声があったため、初年次ゼミナール文科の 1 週目の合同ガイダンスを対面で実施しないかわりに、毎日時間を決めてオンラインでの履修相談会を実施し、そこに練習目的で新入生が接続することを許可した。第 3 章・第 9 章・第 10 章に登場する中村長史先生には、初年次ゼミナール文科・理科の履修生（実質上、1 年生全員）を対象とする自由参加の Zoom 講習会を開催していただいた。

　それから、初対面の相手との画面越しのディスカッションは難しそうだという学生の声を受けて、2020 年度の担当授業では、とくにアイスブレイクに力を入れた。ブレイクアウトセッションでのグループディスカッションは、最初は 3 人ずつ、慣れてきたら 4 人という具合にできるだけ少人数で分けるようにして、発言に慣れてもらうようにした。国際研修の代替授業を、全学のオンライン化に先がけて実験的にハイブリッドで実施したことによって得られた経験は、非常に有意義であった。

---

5. おわりに

　国際研修の事前授業として、キャンパスでアクティブラーニング型授業を実施し、議論に慣れさせること、学生に無理をさせすぎない程度に負荷をかけて、協力してタスクに取り組む練習をさせておくことは、2 週間という短期の国際研修を中身の濃いものにするのに非常に有益である。空

港で会ってから人間関係の構築をスタートするのではなく、半年間キャンパスでともに学び、互いの性格、互いの持つコンピテンシーがわかっていると、現地で急な予定変更やトラブルがあった際に、適切に役割分担をしながら協力して切り抜けることができる。また、メンバーの誰とでも話ができるようになっていれば、現地学生と混合の小グループに分かれたときにも、物おじせずに発言ができることが多い。

　3.1節で、相手の主張の論理的矛盾を指摘する練習を授業内で行っていると述べた。ここで想起するのは、数年前に国際交渉に携わるある実務家を、この授業のゲストとしてお招きしたときのことだ。その方が、「『同じ人間どうし、話せば必ずわかりあえる』とか『アジア人どうしだから互いに理解しやすい』などという言葉をよく聞くが、国際交渉というのは互いに国益を守るため、絶対に引かない覚悟でのぞむから、話せば話すほど『絶対にこの相手とは分かり合えない』と感じることの方が多い」とおっしゃっていた。筆者がこの授業で、情報が十分にあってコミュニケーションを取るのに困らない欧米先進国ではなく、あえて旧ソ連の中央アジア諸国という、多くの日本人にとってあまりなじみのない国に学生を連れていくことの意義を、「言葉をつくして語り合わないと理解できない、言葉をつくしても規範が異なるために理解できない、という経験をしてほしいから」と話したことに賛同してのコメントであった。

　相手をこちらの土俵に引っ張り込んで、相手の立てたロジックそのものを根底から崩して譲歩を引き出す国際交渉の話術と、相手にわかってもらうために論理的な矛盾を排し、相手のバックグラウンドに思いを寄せつつ言葉を尽くす異文化コミュニケーションは、必ずしも同列に並べられないものかもしれない。しかし少なくとも、納得していないけれどわかったふりをして面倒な議論から逃げてしまったり、利益相反だから議論をすることさえムダと切り捨てるようでは、あまり訪問する機会のない国に場を移して、現地の大学生と学び合うことを目的とする授業に参加しても得られるものは減じてしまう。「異なる言語・文化の環境に触れ、国際交流の現場を体験し、グローバルな視野を養うことを目標とする授業」という国際研修の共通目標を十分に達成するには、アクティブラーニング型の準備授業で学び合い、議論の練習をしておくことが効果的だと考える。

1) これらのテーマは、履修者が興味を持った点であると同時に、トルクメニスタンの側が積極的に応じる可能性が高いかどうかという点も考慮して抽出した。

　①地域の平和と安全保障：平和と安全保障はこの授業の中心テーマでもある。トルクメニスタンは国連総会で承認された唯一の永世中立国であることを誇りにしており、2020年には永世中立25周年を迎え、さまざまな祝賀行事が予定されていた。

　②経済・環境：トルクメニスタン経済は世界第4位といわれる豊富な埋蔵量を擁する天然ガスを主力として成り立っており、世界がカーボンニュートラル実現に向かうことは同国の経済に大きな影響を与える。

　③ジェンダー・男女共同参画社会：国際研修の日程に3月8日が含まれており、世界女性デーを盛大に祝う同国では、過去の研修メンバーが政府や大学主催の国際女性デー記念イベントに招待されていた。

　④人権・平等：トルクメニスタンは欧米の人権団体からこの点について強く批判されており、その点では鬼門といえるテーマに見えるが、その批判を直接彼らにぶつけようというのではなく、履修者らの意図は、SDGsの目標10「人や国の不平等をなくそう」をベースとして、両国の将来ある若者どうし、人生選択の自由について議論しようというものであった。

模擬国連で学ぶ国際関係と合意形成
——ロールプレイの授業事例

中村長史

---

1. 授業の背景情報

1.1 概要

　本授業は、模擬国連（Model United Nations）の会議、および会議前の調査・分析や会議後のふりかえりを通じて、国際関係の知識と合意形成の技能の習得を目指すものである。模擬国連は、ロールプレイと呼ばれる教育手法の一種であり、教員が国連安全保障理事会などの会議や「シリア情勢」などの議題を設定したうえで、受講者一人一人が加盟国の政府代表になりきって議論や交渉、決議案の作成、投票などを行う。全員が着席して行う「公式会合」や「非公式会合（moderated caucus）」、自由に席を立って特定の国と議論・交渉を行う「コーカス（unmoderated caucus）」などの複数の会議の種類があるため、公式の場（タテマエ）と非公式の場（ホンネ）の使い分けを学ぶこともできる。

　受講者は、会議前には、議題と担当国についての調査・分析を行う。会議後には、担当国の立場から会議をふりかえったり、一個人の立場から議題となっていた国際問題について検討したりする（図1参照）。

【会議前】	【会議】	【会議後】
議題の調査・分析	議論・交渉	担当国の立場からのふりかえり
担当国の調査・分析	決議案作成・投票	一個人の立場からの検討

図1. 会議前・会議・会議後の受講者の学び

<u>1.2 受講者</u>

　本授業は、全学自由研究ゼミナール（1・2年生対象）と高度教養特殊演習（3・4年生対象）の合併授業として開講している。2019年度Aセメスターは13名（1年生6名、2年生3名、3年生3名、4年生1名）、2020年度Sセメスターは18名（1年生7名、2年生4名、3年生3名、4年生4名）が受講した。

　このように学年や専攻を横断して受講者が集まる選択授業ゆえ、受講者のモチベーションは総じて高いが、既有知識に差が出やすい点に教員が配慮する必要がある。受講者同士の教え合い・学び合いが生まれるような環境づくりを意識することが教員には求められる。

<u>1.3 授業支援者</u>

　模擬国連の授業への導入に際して、教員には、適切な議題や担当国を設定するための会議前の準備はもちろんのこと、会議中には個々の学生のモチベーションの維持・喚起のために様々な対応が求められる。会議後には、会議を「やりっぱなし」にして学生が消化不良とならないように、個々の会議行動へのフィードバックに加え、担当国の立場を離れた大局的な観点からの振り返りを促すことが求められる。模擬国連の授業への導入を持続可能なものとするために、教員の取り組みの効率化が必要となる。

　そこで、国際関係論を専門にしていたり模擬国連の経験があったりする大学院生・学部生にティーチング・アシスタント（TA）として授業支援業務をお願いしている。具体的には、学生の会議行動の観察や助言をTAに任せている。これにより、教員は国際関係の専門的な知識を深めるようなフィードバックを中心に時間を割けるようになった。

<u>1.4 教室</u>

　本授業は、序章で紹介されている駒場アクティブラーニングスタジオ

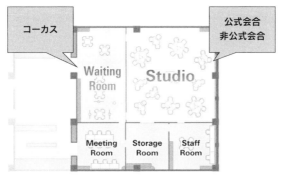

図2. 模擬国連を行う教室空間

（KALS）で開講している。会議は、「まがたま（勾玉）テーブル」の可動性を活かして、実際の国連安全保障理事会と同様に円卓で実施している。全員が着席して行う「公式会合」と「非公式会合」はスタジオにて円卓で行い、自由に席を立って特定の国と議論・交渉を行う「コーカス」（実際の国連の会議では議場外で食事をしながら議論・交渉がなされることもあり、より「ホンネ」の話がしやすい）はスタジオでもウェイティングルームでも行えるようにした（図2参照）。複数の教室空間を利用することで、政治を理解するうえで極めて重要な「公式」（タテマエ）の場と「非公式」（ホンネ）の場の使い分けを受講者に意識してもらいやすくする狙いがある。

2. 授業の目的・到達目標と構成

2.1　目的

　「本講義で学んだ概念と事例を使いこなして、現在の世界における問題を自ら定義し、その原因、解決策を自分の頭で考えられるようになる」ことが本授業の目的である。

　国際社会で生じる問題は、自然現象ではなく社会現象である以上、一人一人の力によってわずかながらでも良くすることもできるし、さらに悪くしてしまうこともある。受講者には、この点を意識し、自分の頭で国際問題の解決策を考えられるようになってほしい。そこで、この授業では、模擬国連の会議を通して、国際問題の解決策を考える。多様な利害・価値観

41

に配慮することの重要性を理解するには体感してみることが早道であるが、模擬国連会議では、一人一人が担当国になりきって国際問題について話し合う。

　立場が固定されている点ではディベートと同様である。しかし、相手を論破することで勝利を目指すディベートと異なり、模擬国連会議では合意形成が目的であるため（国際関係では、会議後も外交関係が続く。相手にも「花を持たせる」ことがときに重要）、相手の利害・価値観を尊重したうえでの妥協が重要になる。この点を重視し、本授業では対立の激しい議題・担当国を設定して、ロールプレイに取り組むこととした。

2.2　到達目標

　具体的には下記の5つの到達目標を設けた。いずれの点も、会議後のふりかえりを踏まえて作成・提出してもらう2回のレポートで評価した。

---

① 国際問題をめぐる多様な立場（利害・価値観）を説明できる
② 国際問題の原因について、国際関係論の概念や事例を用いて説明できる
③ 国際問題の解決における妥協の重要性を説明できる
④ 国際問題の解決策について、選択肢を複数挙げて比較衡量したうえで、妥当と考えられるものを説得的に示すことができる
⑤ 国連の資料を自ら調べて国際問題の分析に用いることができる

　目的や到達目標についてはシラバスに加えて授業冒頭で毎回示し、会議はあくまでも手段であり、目的や到達目標を意識することの重要性を受講者に繰り返し伝えた。

2.3　授業の構成

（1）2019年度Aセメスター

　ここでは、まず2019年度Aセメスターの授業を例として述べていきたい。全13回（1回は105分）を「模擬国連会議から学べること」、「会議（シリアの人道危機）」、「会議（イラク戦争）」の大きく三つに分けた（図3参

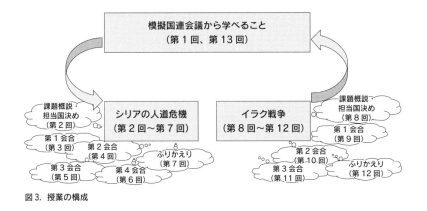

図3. 授業の構成

照)。

　第1回の授業では、模擬国連によって一般に学べること・学べないこと、そして、本授業の模擬国連から学べること・学べないことを確認した。そして、学べないことについて補完する方法を検討するとともに、学べることを意識して一学期間過ごすことの重要性を確認した。

　第2回から第7回では、2010年代を通して続いている「シリア人道危機」についての国連安全保障理事会のシミュレーションを行った。第2回で議題概説を行い、担当国を決定した後、受講者は議題と担当国の調査・分析を行い、Policy Paper を作成・提出した。これは、現実の外交における本国からの「訓令」にあたるものであり、模擬国連では会議参加者自らが作成することになる。具体的には、過去の政策との継続性、政策変更の蓋然性、会議で主張することの優先順位、交渉の際にこれ以上は譲歩できないというボトムライン、決議案に盛り込むべき／盛り込むべきではない文言等を記すものである。

　第3回から第6回までは、会議を行った。公式会合での発言は、授業で用いているチームアプリ（Slack）に議事録として残されるため、受講者は国際社会の目を意識した「タテマエ」の発言を行う（写真1）。一方、非公式会合やコーカスでは、自国の利益を守るために「ホンネ」をぶつけあう議論・交渉を行いながら、決議案を作成する（写真2）。現実の会議と異なり合意形成が可能になった面もあったものの、最終的には拒否権が行使され、現実同様、決議案は廃案となった。

【公式発言・アメリカ合衆国】
議長及び各国代表の皆様お疲れ様でした。まず、我々と致しましては、英米が主導でまとめて参りました1210_英米改が採択されなかったことに無念の意を表します。
この案を我々が推進致しました理由、ならびに今回決議されました決議案1210_3に対して我々が明確に賛同の意を示さなかった理由を以下に述べさせていただきたく存じます。
我々が1210_英米改の採決を目指しましたのは、安保理決議1441などで我々がサダム政権に警告を与えてきたのにもかかわらず、査察を部分的にのみしか受け入れず、今尚提出される報告書の中身には曖昧な箇所が見られたり、隠蔽を図ったりとその姿勢にはまだ大いに改善の余地が見られることによります。生物兵器や化学兵器といった非人道的な兵器の数々を使用し、核兵器にまで手を伸ばそうとしているサダム政権に対しては安保理決議1441で定めた武装解除のプロセスをより厳格な形で進めるべきであると考えておりました。この決議案は非人道的な武器を使用されてきたイラクの人民、そしてサダム政権の凄惨な武器の脅威を今後目の当たり

写真1　公式会合での発言

United Nations, Security Council
Agenda Item: Iraq-Kuwait
Sponsor: France

　　安全保障理事会は、

　　　　そのすべての関連決議、特に 1990 年 8 月 6 日の決議 661 (1990)、1990 年 11 月 29 日の決議 678 (1990)、1991 年 3 月 2 日の決議 686 (1991)、1991 年 4 月 3 日の決議 687 (1991)、1991 年 4 月 5 日の決議 688 (1991)、1991 年 8 月 15 日の決議 707 (1991)、1991 年 10 月 11 日の決議 715 (1991)、1995 年 4 月 14 日の決議 986 (1995)、1999 年 12 月 17 日の決議 1284 (1999) および 2002 年 11 月 8 日の決議 1441 (2002)、ならびに、安保理議長のすべての関連声明を想起し、

　　　　また、その決議 687 (1991) が、同地域における国際的な平和と安全を回復するというその明示の目標を達成するために必要なステップとして、イラクに義務を課していることを想起し、

　　　　さらに、それらすべての関連決議が、国連憲章に定められた「平和に対する脅威」

写真2　決議案

　第 7 回では、まず、合意形成に失敗した会議の内容について、担当国の立場から振り返り、自国の利益をどの程度反映できたか、より適切な政策立案・議論・交渉等はなかったかを検討した。そのうえで、一個人の立場から会議を振り返り、国際社会全体の利益のために、どのような方法があり得るのかを議論した。そして、それを踏まえて、1 回目のレポートを作成・提出した。

　第 8 回から第 12 回では、2003 年 3 月の「イラク戦争」開戦直前の国連安全保障理事会のシミュレーションを行った。第 8 回で議題概説を行い、担当国を決定した後、受講者は議題と担当国の調査・分析を行い、シリアの際と同様に Policy Paper を作成した。

　第 9 回から第 11 回までは会議を行った。受講者にとってはシリアに続いて 2 回目の会議となり慣れてきているため、会議の回数が 1 回分少なく設定されている。現実の会議と異なり決議案が採択され、当面の武力行使は見送られる結果となった。

　第 12 回では、第 7 回と同様の振り返りを行い、2 回目のレポートを作成・提出した。

　第 13 回では、各自が模擬国連から学んだことについてふりかえり、第 1 回で模擬国連から学びたいと考えていたことが学べたかを確認した。また、来年度の模擬国連の授業をよりよくしていくための方法を検討した。

【問題１（担当国の立場からのふりかえり）】
　Policy Paper（「訓令」）記載事項で達成できたこと、達成できなかったこと、記載事項のそもそもの妥当性などについて600字以内でまとめ、「帰朝報告書」を完成させてください。

【問題２（一個人の立場からのふりかえり）】
　朝鮮民主主義国による核開発問題とは何かを定義したうえで、問題の原因を指摘し、解決策を挙げてください。解答に際しては、多様な利害や価値観があることに留意し、自らと異なる見解にも配慮しながら1200字以内でお願いします。
＊いかなる立場をとろうとも、そのことで評価に有利になったり不利になったりすることはありません。議論が論理的に組み立てられているかを重視します。

図4. レポートの設問

（2）2020年度Sセメスター

　2020年度Sセメスターは、COVID-19の影響でオンライン授業となったり、実質的な授業回数が2回減ったり（オンライン授業の練習会を行った）したが、構成は前セメスターを踏襲した。会議のみならず、会議前の調査・分析や会議後のふりかえりもまた、授業の目的・到達目標を達成するうえで必要不可欠だからである。

　議題としては、まず前学期も扱った「イラク戦争」についてのシミュレーションをした後、2017年9月の朝鮮民主主義人民共和国（DPRK）による6度目の核実験後の国連安全保障理事会のシミュレーションを行った。ふりかえりを踏まえ、受講者は、図4のような中間レポートに取り組んだ。

3. 授業設計・実施における工夫

3.1　模擬国連でできることの明確化

　模擬国連の授業への導入にあたっては、受講者にとっての負担の大きさが障害となりかねない。模擬国連が持つゲーム性ゆえに楽しみながら進んで議題や担当国について調査・分析をする受講者がいる一方、既有知識や語学力によっては負担だけを感じてモチベーションが保てないこともあり得る。模擬国連は、全員が担当国になりきってロールプレイをすることではじめてシミュレーションとして機能するものである以上、意欲的に取り組めない受講者が出ることは通常の授業以上に避けなければならない。受

講者のモチベーションの維持・喚起のために、負担感を軽減することが喫緊の課題となる。

　ここで重要となるのが、模擬国連を導入する目的の明確化だと思われる。目的・到達目標の明確化は授業設計一般において重要であるが、模擬国連の導入に際しては、様々な知識・技能を修得できる「学びのフルコース」ともいわれる手法であるがゆえに、あれもこれもと盛り込みたくなるところを敢えて絞ることが特に必要となる。模擬国連でできることのうち、その授業でできることを受講者に明示し、導入する意義に納得してもらったうえで授業を進めることが求められる。本授業の場合は、模擬国連から学べるものの一つである「議事手続き（procedure）を駆使して会議を自国に有利に進める」ことを教員が議長国として進行することで、事実上除外した。こうしたスキルが重要であることは言うまでもないが、授業時間が限られている中、本授業では、国際政治学を専門とする教員が担当している点を踏まえ、目的と5つの到達目標に示されるように「国際関係の知識定着」と「合意形成の技能習得」に焦点を絞った。議事手続きの駆使については、サークル活動として行われている模擬国連の全国大会や国際大会（筆者も学生時代に参加）で学べることを伝えた。

　受講者の感想（図5）をみるかぎり、「国際関係の知識定着」と「合意形成の技能習得」に特化するという所期の目的は、一定程度達成されたと考えている。

3.2　模擬国連でできないことの明確化

　模擬国連が「学びのフルコース」であるとはいえ、できないことがある点にも自覚的である必要がある。模擬国連は、Model United Nationsとの英語が示す通り、あくまでも「モデル」である。そこには当然、捨象されていることがある。少なくとも、①国内での政策調整（国内政治過程）が捨象されているということは自覚しておかなければならない。実際の国連における外交では、大使は本国からの指示に従って動くことがほとんどだが、模擬国連では、政策立案から議場での議論・交渉に至るまでを同一人物が行うことになる。実際にはある重要な過程を飛ばしていることに自覚的である必要がある。

> ・実際に一つの国を担当することによって得られた臨場感と責任感は輪読では得られず、より真剣な問題への向き合い方につながった
> ・座学（国際関係論など）で学んだ「抑止」や「安心供与」を実践に応用できる
> ・これまでニュースをみていて違和感があったロシアや中国の立場も彼らの利益を考えれば理解できることがわかった
> ・国際交渉の面白さや合意に達した時の達成感、逆に妥協の難しさ、限界を少しでも味わえたことは、今実際に社会で起きている国際問題の争点について積極的に関心を持つことに繋がった
> ・自国の利益は守りつつ合意に至るには自国の主張の優先順位やボトムラインを設定し、議論の流れや趨勢に応じて柔軟に変更する必要があることがわかった
> ・国連の決議を読む際に、前文・主文の区別、英語の文末の違い（現在系か現在進行形か）がどのように意味を変えているのか、等に注意して読むようになった
> ・二回会議があったので、学期を通して会議行動面での成長を感じられた

図 5. 受講者の感想（抜粋）

　また、②ロールプレイに徹している限り、現実を大きく変えるような革新的な議論は起こりにくい。学生らしい大胆な発想からは遠のいていくのが自然である。この点に物足りなさを覚える向きもあるだろう。

　ただし、これらは、会議の外の場面で補完することが十分に可能である。一点目については、会議前に受講者の政策立案（「訓令」となる Policy Paper 作成）を教員が確認する機会を設けることで、国内の政治過程を踏まえる必要性を意識してもらう契機になるだろう。また、一つの国を複数名で担当する場合であれば、政府代表の視点に偏るとはいえ、政策立案時の受講者同士の議論自体が国内政治過程に近いものになるといえる。二点目については、会議後のふりかえりの際に、一個人の立場から大胆な発想に基づく見解を述べることは十分に可能である。会議中には担当国の立場から述べられなかった葛藤を踏まえて示される見解は、大胆でありながらも、異なる立場に一定の配慮が示されたものとなり説得力を増すと考えられる。会議をやりっぱなしにせず、ふりかえりの機会を設けることは、この点からも重要といえよう。本授業では、このふりかえりを踏まえて、受講者は、先述のレポートを作成した。

3.3　議題の選定

　合意形成のための妥協の重要性と難しさを学んでもらうことが大きな目的の一つであるため、教員が専門とする戦争と平和に関する分野の中から

特に対立の激しい議題を選んだ。2019 年度 A セメスターは、「シリア人道危機」と「イラク戦争」、2020 年度 S セメスターは「イラク戦争」と「DPRK 核開発」である。「DPRK 核開発」については、日本で生まれ育った受講者にとってはついつい忘れがちになるが、この問題についても（賛否はさておき）世界に多様な立場があると知ること自体にも意義があると考えた。

　一学期間に 2 つの議題を扱うが、この組み合わせからも学習効果が生まれるように配慮をした。例えば、2010 年代のシリアでの人道危機は、2000 年代のイラク戦争後の混乱によって生み出された「テロ組織」が関わることで複雑化しているが、両議題を扱うことで中東情勢と国際社会の関与の大局的な流れを把握できるように意識した。また、大量破壊兵器の除去（実際には見つからなかったのであるが）を目的に武力行使がなされたイラク戦争は、その後のリビアやイラン、そして DPRK の核開発問題に様々な影響を及ぼしている。これについても、イラクと DPRK の両議題を扱うことで、事例間の関係性を把握できるように意識した。

3.4　担当国決め

　国連安全保障理事会の 15 ヶ国すべてではなく、特に重要な 6〜8 ヶ国を選んで設定した。1 ヶ国を 2・3 名で担当することになる。受講者の希望を聞きつつ、なるべく上級生と下級生の双方が含まれるように担当国を決め、受講者同士の学びあいが生まれることを期待した。そこで、受講者同士の学びあいを促すため、Policy Paper は各国で 1 枚作成することとした。議題や担当国を理解する助けになりそうな一次資料や書籍、論文を教員が多く紹介したが、読む文献の担当を割り振って情報交換をしながら進めるチーム（国）もあった。

3.5　ロールプレイの徹底

　会議がシミュレーションとして成立するかは、受講者一人一人が担当国になりきれるかに依存する。学年や普段の人間関係に左右されることなく議論・交渉が行われる必要がある。そこで、会議に入る前の授業冒頭で、「会議中は担当国になりきる」というルールを毎回提示し、受講者全員で

確認した。

---

4. 授業改善の軌跡

4.1　過去の会議を行う意義の明確化

　2000 年代の「イラク戦争」のような過去の会議を行う意義を十分に理解しきれないままシミュレーションに臨んでいた受講者がいることが、2019 年度の受講者からのフィードバックで明らかになった。結果が既に明らかなものについて、なぜ改めてシミュレーションをする必要があるのかについては、確かに教員からの丁寧な説明が必要とされるところであった。

　2020 年度からは、過去の会議を行うことについて、次のような狙いがあることを受講者に随時伝えた。かつて丸山眞男は、現実とは所与のものであると同時に可変的なものでもあると理解すること、すなわち現実を「可能性の束」として捉えることの重要性を繰り返し指摘した[1]。この指摘の背景には、現実を所与のものとしてのみ捉え、「仕方がない」とあきらめがちな当時の人々の認識があったが、今日の私たちは、これを克服したといえるだろうか。「起こった出来事」をただ暗記するような授業では、現実を所与のものとしてのみ捉える発想を強めてしまう。暗記にとどまらず因果関係について学生が思考するような授業であっても、「起こった出来事」を結果として絶対視してしまいがちな点では相違ない。

　では、「起こった出来事」を相対化し、現実を「可能性の束」として捉えるには、どうすればよいのだろうか。ここで求められるのが、歴史の if を問うことである。歴史に if はないといわれることが多いが、敢えて if を持ち込むことで、当時の「採られた選択肢」のみならず「採り得た別の選択肢」についても考えることになる[2]。そうすることで、「起こった出来事」のみならず「起こり得た出来事」についても考えを及ぼすことが可能になるだろう[3]。

　模擬国連の会議では担当国の利益を考慮したロールプレイに徹する必要があることはいうまでもないが、国益達成のための手段は決して一つとは限らない。受講者には、会議後のふりかえりで尋ねられた場合に論理的な説明がつくのであれば、当時の政策と異なる政策を採ってもよいと伝えた。

4.2 既有知識の差を埋める補習

先述のように、議題や担当国を理解する助けになりそうな文献を教員から紹介してはいたが、それらの文献を理解するのにもまた少なからぬ知識が必要とされ、全受講者がそうした知識を開講時に有しているとは限らないことに次第に気づいた。そこで、学年や専攻によって既有知識に差があることを考慮し、国際政治や国際法の基礎知識を解説したミニレクチャ動画を作成し、授業外で必要な受講者のみが、いわば「補習」として視聴できるようにした。

4.3 Policy Paper の質向上

議題概説・担当国決定から第1会合まで1週間しかないため、Policy Paper を限られた時間で作る必要がある。また、会議が当初の想定通りに進むとは限らず、相手国の出方次第では交渉のボトムライン等に変更を加える必要が生じる。そのため、会議中も適宜改訂していく必要がある。この改訂を首尾よく行うことは容易ではないようであり、会議開始時は Policy Paper の質にチーム（担当国）間のバラツキはあまりみられなかったにもかかわらず、最終的な Policy Paper の質には差がみられるようになった。

この点につき、TA より、Policy Paper を作成する際に、根拠として引用を示してもらうようにしてはどうかとの提案があった。こうしたクセを付けておくことは学術論文の執筆にも役立つと思われるため、採り入れた。Policy Paper 改訂時に、引用元の資料・文献を改めて確認することが容易になったこともあり、最終的な Policy Paper の質向上にも一定程度つながっているように思われる。

5. オンライン授業での工夫

5.1 アイスブレイク

先述のとおり、2020年度 S セメスターは、COVID-19 の影響でオンライン授業となった。初回の授業では受講者はいつも緊張しているものであるが、オンライン授業に不慣れな受講者が多いなかで緊張感がさらに増す

ことが予想された。この段階では、教員と受講者が打ち解けていくことが目的のため、模擬国連の経験有無といったような、あくまでも受講者が深く考えずに答えられる質問をした。Zoom の「挙手」機能、「投票」機能を使ったことで、教室の際と同じように、受講者から反応を引き出すことができた。

5.2　会議

　着席して議論を行う公式会合や非公式会合は、やや臨場感には欠けるものの（現実の国連安全保障理事会もオンラインで開催されるようになったので、そういった意味ではシミュレーションといえる）Zoom のメインセッションに受講者一同が集うことで滞りなく実施できた。一方、自由に席を立って特定の国と議論・交渉を行うコーカスについては工夫が必要となった。通常のグループワークのように教員の側で受講者を無作為にブレークアウトセッションに分ければよいものではなく、政府代表（受講者）が自らの判断でお目当ての国と話をする必要がある。

　そこで、受講者全員が共同ホストとなることで、政府代表（受講者）が自由にブレークアウトセッション間を移動し、特定の大使と議論・交渉することを可能とした（写真 3）。ただし、共同ホストになると「挙手」機能を使うことができなくなり、公式会合や非公式会合で発言を希望する際に不便になる。そのため、共同ホストでも利用できる「反応」（拍手、賛成）ボタンを代わりに用いることとした。受講者の習熟が早く、会議初日から特に混乱なく進めることができ、実質的な議論・交渉が可能となった。このように、工夫次第では、オンラインでも模擬国連の実施は一定程度可能であるように思われる。

写真 3　オンラインでのコーカス

（注）
1)　丸山眞男［1952/1995］「『現実』主義の陥穽―ある編輯者へ―」『丸山眞男集　第五

巻』、岩波書店、194-195 頁；丸山眞男［1958/1996］「政治的判断」『丸山眞男集　第七巻』、岩波書店、319 頁。

2)　E・H・カーは、ただ自身の希望が成就しなかったという感情的な未練のみから、ある出来事を不可避であったとする歴史家の解釈に対して決定論的であると異を唱えるような姿勢を戒めている。この指摘は妥当なものであるが、これが歴史への if の持ち込み自体を否定するものではないことに注意が必要である。ここで、カーは、あくまでも人間の行動には原則的に確かめ得る原因があるとする歴史家の基本姿勢を擁護し、それに対する無理解を批判しているのである。カー自身が述べるように、歴史家もまた「起こり得た出来事」について考えるものである。E. H. Carr, [1961] *What is History?* Vintage Books, pp. 126-128（清水幾太郎訳［1962］『歴史とは何か』岩波新書、141-144 頁）。

3)　中村長史［2019］「『選択』を問いなおす歴史教育—歴史に if あり—」前川修一、梨子田喬、皆川雅樹編著『歴史教育「再」入門』、清水書院、322 頁。

第4章

液体としての水の特性と分子自己集合を考える
——理系の初年次ゼミの授業事例

平岡秀一

---

1. 授業の背景情報

1.1 概要

　本講義は、理科1年生のSセメスターに開講される必修科目「初年次ゼミナール（理科）」の一講義として開講された。講義は身近に存在する「水」に関する特異な現象や水中で起こる分子認識や分子自己集合を題材とし、これらについて化学の視点から議論し、溶媒としての水の役割や特異性、分子間相互作用に関する理解を深めた。上記の学習を事前調査、履修者間の意見交換を通して主体的に行い、本講義で扱う発展的な課題が、理系の基礎科目とどのような関係にあるかを知り、基礎学習の重要性を認識した。発展的な課題として、分子を密に噛み合わせることで集合体を形成するというデザイン原理に基づき、高度な化学の知識を必要とすることなく物質デザインをグループ活動として実施した。未知の問題を他者との議論を通して解決するための手法を学び、最終的にプレゼンテーションとしてまとめ、他のグループからフィードバックを得、さらに他のグループの発表を聞くことで、同一の問題でも多様なアイデア（解決策）が存在することを知った。

1.2　受講者

本講義は初年次ゼミナール（理科）（理科生1年生を対象とする必修科目）として開講された。2019年度Sセメスターの受講生は18名、2020年度Sセメスターは20名であった。

1.3　授業支援者

2019年度は、ティーチング・アシスタント（TA）1名が、2020年度は助教1名とTA1名が授業支援者として参加した。共に、筆者の研究室のメンバーで、TAは本講義で扱う分子間相互作用や分子自己集合などの超分子化学を専門とする大学院生である。

1.4　教室

21 KOMCEE west のアクティブラーニング型教室を利用し、「まがたま」型の机を円卓状に並べたものを4から5個作り、1グループ4,5名でグループ活動を行った。部屋に設置のクロームブックもしくは、学生が持参したPCを利用したweb検索や、小型のホワイトボードを利用し、グループ内で議論やブレインストーミングを行った。

2.　授業の目的・到達目標と構成

2.1　目的

初年次ゼミナール（理科）の目的は、大学へ入学したばかりの大学1年生が、大学における研究が高校までの学びと異なり、答えのない問題に取り組む知的活動であることを知り、大学における講義がこれらの問題を解決するために必要な様々な手段や手法を身につける場であることを認識する機会を提供することである。そのために、先端研究の一端に触れ、これらが大学で学ぶ講義とどのように関係し、学んだ知識がどのように使われるのかを実践するとともに、学ぶこと、すなわち既に明らかになっている知を身につけることと、研究、すなわち、未だ明らかにされていない謎を解明することとの違いを知り、人間が潜在的にもつ知的探究心や好奇心を呼び覚ますことにより、初年次の学生のマインドのリセットを図るもので

ある。

　本講義では、我々の身近に存在する「水」の不思議に関する様々な問い
から出発し、分子と分子の間に働く相互作用である「分子間相互作用」に
着目し、水の特性を考え、つづいて水以外の分子の認識や、多数の分子の
間の認識に基づいて作り出される、自発的な秩序構造である分子自己集合
体の形成、さらにこのようにして作られる構造体が示す特異な性質につい
て、熱力学や速度論の観点から議論し、最終的に受講生が自ら新しい自己
集合体のデザインへ挑戦し、模擬的な研究立案を体験する。

2.2　到達目標

　上記の目標を達成するために以下に示す4つの到達目標を設定した。

---

① 学ぶことと研究の違いを理解し、学ぶことの意義と知を研究にどのよう
　に活かすかを説明できる
② 溶液における現象では、溶質の挙動に着目する傾向があるが、溶質を取
　り囲む環境に相当する溶媒も加味しなければ、真の理解が得られない
　ことを知り、溶媒の特性の取り扱い方を説明できる
③ 他者との意見交換を通した学習により、相手が理解できる説明であるか
　が、自分自身の理解度を知る指標となり、他者から疑問を受けることで、
　自身では気づかなかった事を知ることができ、共同作業の真の価値を
　知る
④ 学術論文の構成を知り、内容分析を通して論文の流れを理解し、どのよ
　うに評価すれば良いかを説明できる

---

　①～④は各回の講義の後に行われる振り返り、グループ内およびグルー
プ間のディスカッションにおける各学生の発表、発言から確認した。

2.3　授業の構成

　初年次ゼミナール（理科）では第1回および第2回講義は共通授業が行
われ、第3回から担当教員による講義が行われた。ここでは、第3回か
ら第13回までの講義の構成を表にまとめる。

表. 各回における講義の概要

回	予備知識	学術論文	物質デザイン	概要
3				本講義の志望動機、将来の目標・夢などを発表
4				「水の異常性」と「疎水効果」について
5				熱力学的パラメータについて
6				ファンデルワールス（vdW）力について
7				水中における自己集合体について
8				自然界における vdW 力の重要性について
9				分子の噛み合いの定量化について
10				標的分子に対する誘導適合について
11				自己集合体の速度論について
12				分子カプセルを利用したセンサーについて
13				自己集合体のデザインに関する発表会

　本講義は大きく分けて 3 つのパートからなり、1. 予備知識の習得、2. 学術論文を利用した学習とグループ内外における議論、3. 物質デザインに基づくグループワークである。

　第 4 回から 6 回に行った「予備知識の習得」では、本講義で必要な予備知識の中から重要なキーワードを毎回 1 つか 2 つ取り上げ、受講生は事前に web 検索や書籍を利用し、下調べを行い講義に出席する。各学生が調べてきた内容をグループ内で共有し理解を深め、不明な点や疑問点がある場合は、これらをまとめ、グループ間のディスカッションで共有する。必要があれば、教員や TA が補足した。取り扱った内容は、第 4 回では、水の異常性について調べ、その中から興味を持った事項についてグループ内でその理由がどこまで明らかにされているのかを調べた。これを通して、身近な水であっても多くの未解明な現象があることを知った。また、本講義の後半の題材である分子自己集合と関わりの深い疎水効果についても調べ、油に代表されるように水に溶けにくい物質がなぜ自発的に集まるのかについて学んだ。第 5 回では、基礎科目で S セメスターに必修で開講される「熱力学」や「化学熱力学」で学ぶ、自由エネルギー、エンタルピー、エントロピーなどのキーワードを基に、グループ内で疑問点を挙げ、これらについて意見交換することで理解を深めた。熱力学の理解により、上記

の疎水効果について、より深く考えることができる。また、溶媒を含めた全系の安定化を考えることで、対象とする現象が熱力学的に有利であるか不利であるかを正確に判断できることを学んだ。第6回では、分子や物質間に普遍的に働くファンデルワールス力について、グループで理解を進めた。この知識を後半に行う、「分子の噛み合わせ」のデザイン原理に基づく物質デザインへの準備の役割を果たした。

　第7回から12回に行った「学術論文を利用した学習」では、毎回、指示された一報の英語オリジナル論文を講義までに読んでおく。講義では論文の着眼点やそれぞれの実験結果、論文の結論について、グループ内で意見交換し、その内容を他のグループと共有し、フィードバックを得る。「予備知識の習得」で学習した内容に基づき、論文の理解を進め、基礎学習で学んだ事項がどのように研究の現場で利用されているのかを学んだ。受講生は、様々な測定手法などを学んでいないので、研究室における文献紹介のように細部にわたり議論することはせず、論文の着眼点（謎の設定など）やそれに迫るためのアイデアや結果を如何につなぐと結論に至るかといった論理の流れに焦点を絞って学生間や教員、TAを交えた意見交換を実施した。

　第7回では、筆者のグループで開発した歯車の形をした分子が、水中で自発的に集まり形成する箱形集合体について、その熱力学的な研究結果をグループで評価し、疎水効果とファンデルワールス力の重要性を学んだ。第8回では、自然界において、ファンデルワールス力を巧みに利用している例として、ヤモリの足の裏の分子構造と接着に関する論文を取り扱い、この原理に基づく材料開発の可能性など、生物模倣の一例を学んだ。第9回では、複雑な分子表面を持つ分子同士の噛み合いを半定量的に評価する手法に関する論文を取り上げ、どのくらい密に接触すると、十分に噛み合った分子表面であると言えるのかを知り、これを後半の自己集合体のデザインの評価指針として導入した。第10回では、生命分子に見られる誘導適合という、標的分子の大きさや形状を認識し自分自身の形状を変化させて、標的分子を取り込む現象に関する論文を取り上げ、その原理や誘導適合の意義を学んだ。第11回では、自己集合体の構成要素の交換速度に関する論文を基に、速度論という物質の安定性では議論しないもう一つの側

面について学んだ。第12回では、分子を取り込んだ情報を外部へ発信する分子センサーについて、生命システムにおけるその意義や材料科学における有用性、さらに、分子を取り込み信号を発する分子センサーの要件やそれを満たす分子デザインについて、関係する論文を基に議論を行った。

第9回から13回に行った「物質デザインに基づくグループワーク」では、「学術論文を利用した学習」の前半で学習した分子のデザイン原理に基づいて、新しい自己集合体のビルディングブロックをデザインした。高度な化学の知識を使わずに、分子の幾何構造を基にデザインを行ったが、希望するグループはさらに議論を発展させて、予備知識の習得で学んだ事項を役立て、具体的な分子デザインまで踏み込んだ。各回における内容については、第9回では、筆者らが開発に成功している箱形分子集合体の構造特性を分析し、なぜこのような集合体のみが安定に形成するのかを議論し、分子デザインにおける必要条件の洗い出しを行った。第10から12回では、受講生がそれぞれ自分自身で考えたアイデアを互いに共有し、これらを洗練させたり、融合することで、さらに深くデザインを進めるべき系を複数絞り込み、より具体的な分子デザインへ議論を進めた。第13回は各グループで準備したスライドを使い、集合体のデザインに関する研究提案をプレゼンテーション形式で行い、質疑応答を行った。

---

3. 授業設計・実施における工夫

大学へ入学したばかりの1年生は、本講義で、先端研究の一端に触れる事になる。先端研究の紹介という講義は、総合科目として多く開講されているが、これらは知の提供に重きが置かれている。一方、本「初年次ゼミナール理科」の場合、受講生自身が自ら調べ、理解する必要があるが、ほとんどの基礎知識が未履修の状態にあるため、このギャップをいかに埋めるかが大きな課題となる。これまでは、理科系の学びは積み上げ式なものが多く、学ぶ順番がある。一方、現代のように、学問分野が多義に渡り細分化されたことで、自分自身の興味と基礎科目の内容に乖離を感じる学生も多い。しかし、興味の対象となる分野で研究を行うためには、一見、自身の興味と関係ないように思われる基礎科目の知識が必要となることも

多い。そのため、基礎科目の学習効率を高めるためにも、先端研究と基礎科目との関係性を早い段階で知ることの意義がある。

　本講義では、熱力学の知識を使い、様々な現象を理解していくが、熱力学は本講義と並行してSセメスターに開講される。そこで、受講生は、自分自身で重要なキーワードを調べ理解に努め、その概念を使って、本講義でこれらが研究の現場でどのように使われているかを見ることで、熱力学の重要性を知る。熱力学の講義では、古典的な具体例は挙げられるが、論文中に使われる様子を見たり、これを使って、研究者がどのような結論を導き出しているかまでを講義する時間的余裕はない。そのため、本講義のように熱力学を利用した先端研究の解析例やこれらのデータを利用した分子論的理解を垣間見る事で、熱力学に関する関心が高まることを狙っている。授業の振り返りにおいて、受講生から「抽象的な学問である熱力学が実際の研究に利用されている例を見ることで、関心が高まった」という内容のコメントが多く見られた。

　学術論文の学習では、その内容を理解できることに加えて、なぜその論文が面白いのか？、どのようなアイデアの着想によって新しい発見につながったのか？、多くの実験データをどのような順番で議論する事で、スムーズに結論へ導いているのか？を分析するように促した。物語に主役がいるように、論文の主役に相当する結果や現象、新しい知を探し、さらに主役を引き立てる脇役的な結果の存在や主役との関係、その意義を解析させるように心がけた。また、論文を読む回では、単なる感想で終わってしまったり、何を議論して良いかわからなくなってしまわないように、振り返りに挙げたいくつかの問題を授業の冒頭で共有する場合もあった。ただし、予め問題を出してしまうと、受講生はその答えを探しにいくことになり、本講義で掲げている目的の１つである、自分自身で疑問を見つけ出すことができなくなってしまうため、疑問点の事前共有はできる限り控えた。

　このように予め問題を提供する理由は、２もしくは３名の教員とTAで５グループを見ると、学生のみで議論をする時間帯が常に発生してしまうので、この時にグループ内で全く議論が進まなくなってしまうというような事が発生しないようにするためである。学生からの振り返りにおけるコメントや授業評価アンケートでは、「自分達だけで議論を上手く進める

ことができず、教員やTAがいてくれると、議論を円滑に進め楽しむことができた」というコメントが多く見られた。併せて、「始めは議論の進め方に苦労したが、次第に意見を交わす面白さがわかり、共同作業の意義を理解することができた」といった内容のコメントもあり、必要なことは、教員やTAが議論の進め方を提示し、意見交換により徐々に結論を導き出す楽しさを体験させ、このような手法を学んだ学生が、次の機会に自ら実践することで経験を積むことであると感じた。

本講義の共通講義（第1回、2回）では学術論文の構成や審査の仕組みについても学ぶ。共通講義との関係性を持たせるために、本講義の開講期間中に筆者が担当した論文審査を例に、投稿者の情報や論文の内容を伏せて、審査の具体的な仕組みを紹介した。学生からの振り返りでは、「実際の論文審査の流れを見ることで、論文投稿、審査についてより深い理解ができた」というコメントが多かった。また、第7回から12回に行った「学術論文を利用した学習」で取り上げた論文の中には、論文の審査委員からのコメントとこれに対する筆者達とのやりとりも公開されている雑誌もあり、これらを見ることで、より具体的に審査の中身を紹介するように努めた。

最終目標である、自己集合体のデザインは、いわゆる受験問題のように、一義的に正解が存在するわけではない。このような問題に取り組むことが初めてであるという学生も多いため、どこから手を付けるべきかなど、教員やTAによるサポートが大切である。授業時間内では、学生達の考えを引き出しつつ、デザインに必要な視点を提示し、考える道筋の整理を行ったり、学生達が発言したアイデアのフラグメントを図として描くなど、視覚的な補助もアイデアの構築に重要であることを伝えた。また、受講生は授業時間外にも集まり議論を行い、最終的なプレゼンテーション資料を作成した。また、2020年度はオンライン講義として実施したため、学生間の課外活動もオンラインとなり、学生が主催するオンラインディスカッションの場に教員とTAが誘われる場合もあり、それに参加したケースもあった。

4. 授業改善の軌跡

　本章で紹介した内容の講義は 2019 年度、2020 年度に実施した。その前年度は、水の特性に重点を置き、水の特異性の中で似たような関心を持つ学生をグループに分け、各人が調べた内容を共有しこれらについて議論し、最終的に各学生が小論文として成果物にまとめた。この形式の場合、各学生が自分自身で論文調査を実施し、内容をまとめるため、総説を執筆するような形になる。自分自身で調べることで知識をつけ、同じ課題に関心を持つ人同士との間で質の高い議論を実施する機会を持つことはできたが、本章で紹介したように未解決問題に取り組むことができなかったため、これを改善するために、講義内容を全面的に組み直した。この形式で進めた 2019 年度および 2020 年度の講義の方が、学生の振り返りや授業評価アンケートから、より興味深い講義となり主体的に楽しく取り組めたという意見が多かった。

5. オンライン授業における工夫

　2020 年度はオンラインにより初年次ゼミナール理科が開講された。講義のスケジュールは 2019 年度に実施した対面講義とほとんど変わらないが、少人数で学生間の意見交換や議論が中心となる初年次ゼミナール理科ではオンラインによる影響は他の講義に比べて大きかった。

　講義を担当する教員、TA はカメラをオンにしてオンライン講義に参加したが、プライバシーの関係で、カメラをオフにして参加する学生がほとんどであった。教員からは、カメラをオン・オフどちらにするべきかについては触れなかったが、ブレイクアウトセッションでグループ議論に進むと、グループによっては、カメラをオンにして議論する方が議論が進むと自分達で判断し、顔を合わせて話し合うグループも現れた。講義を終えて、カメラをオンにすることで、格段に議論が発展するというものではないことが分かった。そのため、学生達の意見を尊重し、自由に進めさせることの方が、講義の円滑な運営につながると考えられる。

　対面で行う講義では、小さなホワイトボードにアイデアを書いたり、付

箋をつけたりと色々な議論を補助する手法があるが、オンラインではこれらを使うことができない。一方、オンライン会議システムに備わっているホワイトボード機能を代替として試しに使った。併せて、Google のプレゼンテーションのファイルをオンラインで共有することで、会話はオンライン会議システムを利用し、学生は話しながらプレゼンテーションのファイルに書き込みを行うことができ、より対面での議論に近い状況を作ることができ、効果的であることが分かった。このプレゼンテーションファイルをきれいにまとめることで、最終回におけるプレゼンテーション資料とするグループが殆どだった。

オンラン講義となったことで、学生が直接集まって議論するという活動ができなくなったため、教員が Google グループを設定し、学生内でメールを交換することでグループ活動を促した。授業時間外におけるやり取りを目的として準備したものだが、授業時間内にメモをそこにとり最後にグループ内へ配信することで、議論の議事録的に利用するグループも現れた。

本来対面で行うことで、効果が期待される少人数におけるアクティブラーニングではあるが、上記の様々な機能を利用することで、擬似的に対面に近い環境を作ったり、さらに、共同で同時に同じファイルへの書き込みや修正を行うことで共同資料の作成の効率化が図られるなど、オンラインならではの利点もあることが分かり、オンラインでアクティブラーニングを行うメリットがあることも明らかになった。実際、学生の振り返りや授業評価アンケートによると、オンラインで行ったことで授業に弊害があったというコメントは見られなかった。このことは、4 月にオンライン講義が決まり、教員としても初の試みで、開講前はオンラインで初年次ゼミナールが成り立つのか不安であったが、このようにして、新しい可能性が見出されたことは意義深いと感じる。

第5章

植物多様性をテーマとした論文執筆を学ぶ授業
——オンラインデータベースに基づく授業事例

ジエーゴ・タヴァレス・ヴァスケス〔Diego Tavares Vasques〕

1. 授業の背景情報

1.1 概要

ALESS（Active Learning of English for Science Students）は2008年に始まった東京大学教養学部の1年生の必修科目の一つである。ALESSでは、学生が主体的に科学論文の書き方を学び、自ら科学論文を執筆する。授業はほぼ英語で行い、最終的な成果物も学生が英語で執筆する。教員の指導の下、学生がグループに分かれ、主体的に研究計画、実施、データ収集、解析と解釈を行う。

ALESSは13回の授業設計がされている授業であり、研究デザインから論文執筆までの学習を求める。最初の4回で、教員が各グループの指導を行い、データ集計まで進む。その後、データ解析を指導し、6回で科学論文の執筆法について学ぶ。執筆法を説明するため、IMRD型の論文を用いる。IMRDはIntroduction、Methods、ResultsとDiscussionを表し、自然科学論文によく使われているフォーマットである。後に、最後の3回でセメスター中に学習した知識を活かし、英語による科学発表の準備をする。学生がクラスメイトと自分の研究成果を共有した上、自身の論文をブラッシュアップし、期末提出を目指す。

63

今回紹介する ALESS の授業計画は、植物多様性をテーマにした設定で、国際多様性データベースを利用し、環境学、または生態分類学の論文執筆を学ぶ授業である。本章では、ALESS のコース設定を説明し、植物多様性の調査が可能となる授業計画の解説を行いながら、開発した資料や教材を紹介する。そして、学生からのフィードバックに基づき、授業改善について考察する。最後に、オンライン授業を実施する上で役に立つ方法を紹介する。

1.2　受講者

ALESS の受講生は東京大学教養学部に所属する理 1（工学）、理 2（理学、農学、薬学、医学部保健学科）、理 3（医学部医学科）の 1 年生である。少人数クラスに分かれ受講するため、各クラスに受講する学生の数は 13 〜 16 人となり、学生番号によって受講時期は S セメスター、あるいは A セメスターとなる。ALESS は必修科目であり、全ての学生にとって単位取得が進学のために必要不可欠となる。

1.3　授業支援者

13 回の授業で研究を実施し、論文を執筆することは困難であるため、駒場キャンパスに 2 つの施設を設置している ALESS Lab と KWS が支援を行っている。ALESS Lab は、論文の元になる研究段階のサポートに対応する施設であり、研究デザイン、データ収集、データ解析などのサポートを提供している。KWS（Komaba Writers' Studio）は論文執筆段階のサポートに尽力している。いずれの ALESS 支援施設も自由に利用することが可能で、学生がサポートを求める際に自ら尋ねることができる。学生は、研究に必要な器具や知識に関して、各施設が雇用している TA に相談することができる。

2.　授業の目的・到達目標と構成

2.1　目的

「植物の多様性をテーマとして、分類群によって分布、または形態の変

化を研究し、英語で IMRD 型の論文を執筆する」を授業の目的としている。分類学は、生物の多様性をカテゴリーにし、世界に存在する生物を解説する非常に重要な分野である。多様性のデータをもとに様々な形で研究することができる。例として、ある生物の集団にとって、地域分布の範囲における時間的変化を調べると、その生物に対しての環境変化はどのような影響を受けているのかが推定できる。個体レベルでも、形態、あるいは遺伝子の違いを調べると進化の歴史を再現することもできる。現在、生物の多様性のデータは博物館だけではなく、国際データベースにも保管されている。その中で今回の授業では GBIF[1] (Global Biodiversity Information Facility) を利用した。GBIF を利用すると、世界中に集まっている生物の情報について簡単にアクセスができる。学生を 4〜5 人のグループに分け、GBIF のデータベースを用い、植物に対する多様性の調査を行う。課題として、各グループが GBIF を検索し、興味深い植物群を選び、分布や形態に関するリサーチクエスチョンと仮説をデザインする。そこから、GBIF のデータを使い、デザインした仮説を検証する。結果をグラフ化し、IMRD 型の英語の論文としてまとめる。結果に基づき、論文を執筆することでの論文執筆の概念を学ぶ。

2.2　到達目標

本授業の到達目標は、Box 1 の通りである。目標①〜④は主にセメスターの前半に学習する。6 週目の授業に、プログレスレポート（進捗報告）として、学生が短い発表を行い、評価をする。そして、目標⑤〜⑦は前半の成果に基づき、セメスターの後半に学習する。IMRD 型の論文を目指し、調査で得た結果を英語で執筆する。最終的には各学生が一本の論文を提出し、評価をする。最後の目標⑧は毎回の講義や、全体議論会を英語で行うため、徐々に科学英語表現を身につける。

BOX 1：本授業の到達目標
① 植物多様性国際データベースの概要を説明できる
② 植物多様性国際データベースの基本操作をできる
③ データベースからデータを検索、回収と集計できる

④　集計したデータをグラフ化できる

⑤　IMRD 型の論文の構造を説明できる

⑥　科学論文の検索ができる

⑦　IMRD 型の論文に基づき、自分の成果を論文として執筆できる

⑧　科学英語を利用することに馴染む

2.3　授業の構成

〈2020 年度 S セメスターの例（表 1 参照）〉

　セメスター中に紹介する内容を教科書としてまとめ、第 1 回目の授業で学生に配布する。教科書はオリジナルで作られたもので、毎週の授業で参考とする（表 2 参照）。学生が自分のペースに合わせるため、教科書を実用している。第 1 ～ 2 回の授業でコースの紹介を行う。コースシラバスの説明から、本授業に基づく生物の多様性データベース GBIF の紹介をする。GBIF のシステム操作や、データの検索方法などはオリジナルで作成した YouTube の動画[2] を利用し、説明を行う。本コースは学部 1 年生が対象となるため、学生同士がお互いの顔を知らないままで授業を受ける状況となる。そのため、最初の 2 回のクラスでアイスブレイクといったアクティビティを導入し、学生同士の交流を促す。GBIF に関する YouTube 動画を視聴した上で学生をグループに分け、動画の振り返りを行う。2 回目のクラスにて科学論文の検索方法（主に Google Scholar 経由）を体験させる。

　第 3 ～ 5 回では、研究計画と実施を行う。学生を 3 ～ 5 人ずつのグループに分け、GBIF と科学論文検索に関して学んだ知識を用い、自由に研究テーマを探す。第 3 回の授業で、各グループが教科書を参考にしながら、オリジナルな仮説を考える。仮説を設定するため、GBIF から十分なデータを集めるのか、または Google Scholar より参考文献を手に入れるのかの 2 つの判断基準が重要となる。グループワークで議論を進め、第 4 回の課題として各グループが 1 つの仮説を提出する。第 4 ～ 5 回のクラスでは、GBIF を通し、データの集約とその解析に進む。データ解析の支援のため、教員が模擬計算の例を授業内で行う。今回は、RStudio[3] を利用し、解析の例を提供した（図 1 参照）。

　第 6 回の授業では、各グループが 5 分間のプログレスレポート発表を行

表 1. ALESS 2020S セメスターの計画表。スケジュール、クラス内容と予定課題を解説する

スケジュール	内容	課題
第 1・2 回	・コース紹介 ・シラバス説明 ・GBIF 紹介 ・グループとテーマ設定	・教科書学習 ・YouTube 動画視聴 ・調査の下調べ（Google Scholar で）
第 3-5 回	・仮説設定 ・GBIF からデータ回収 ・分布・形態情報の集計 ・データのグラフ化	・教科書学習 ・YouTube 動画視聴 ・グループミーティング ・ALESS Lab を利用する ・（第 6 回のため）中間発表の準備
第 6-10 回	・結果発表とピアレビュー（査読） ・講義：IMRD 型論文の構造 ・IMRD 型論文の各セクションの執筆	・教科書学習 ・YouTube 動画視聴 ・論文の下書き（毎週、1 個のセクションを用意する） ・ALESS Lab、または KWS を利用する
第 11-12 回	・論文のピアレビュー（査読） ・講義：科学発表の基本 ・グループ発表の準備	・教科書学習 ・YouTube 動画視聴 ・発表の準備 ・執筆論文のブラッシュアップ ・KWS を利用する
第 13 回	・グループ発表 ・学期末アンケート	・最終論文の提出

表 2. 本授業に利用する教科書のチャプター目次

チャプター	題名	内容
第 1 章	はじめ	・科学者とは？ ・仮説 x リーサーチクエスチョン
第 2 章	参考文献検索	・参考文献とは？ ・引用方法 ・論文検索方法
第 3 章	仮説と実験デザイン	・仮説設定 ・実験計画
第 4 〜 9 章	IMRD 論文の各セクション	・論文の構成と書き方 ・科学英語に置ける文法 ・論文編集
第 7 〜 8 章	データ扱い	・データ集計 　ア　タ解析・解釈 ・グラフの作り方
第 10 章	発表	・スライドの準備 ・発表の準備

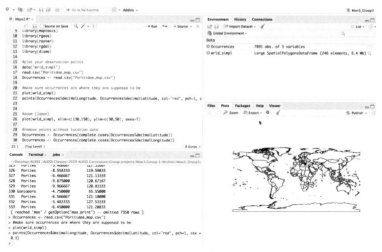

図 1. RStudio の計算画面の事例。こちらの画面でサンゴの世界分布計算を示す

う。各グループの調査テーマと仮説を紹介し、データ集計と解析の状況を説明する。その際は、*jigsaw* 法を利用し、他のグループメンバーと意見交換を行う。そして、第 6 〜 10 回の授業では、論文執筆の指導を行う。第 6 〜 7 回の間で論文の前半（Introduction と Material and Methods の 2 つのセクション）の説明を行い、ドラフトの執筆を宿題とする。データ解析とグラフ作成は第 8 回の授業で説明する。第 9 〜 10 回の授業にて、論文の後半（Results と Discussion セクション）を解説する。前半と同じく、ドラフト執筆を宿題とする。

　最後の第 11 〜 13 回は口頭発表の手本を学び、最終の論文の仕上がりの準備を行う。第 11 回にて、論文のピアレビュー（査読）を行う。*Think-pair-share* 法を用い、第 6 〜 10 回にて学んだ内容を活かし、お互いの論文の査読を行う。気づいた点を、お互いの論文にコメント入力した上で、訂正することを宿題とする。第 12 回にて、発表方法を学ぶ。また YouTube 動画と教科書を利用し、発表の基本を学ぶ。授業の後半にて、学生が研究グループの仲間とともに、15 分間の発表準備を行う。第 13 回の授業で準備した発表を行う。第 13 回の授業にて、各グループが研究成果を

発表する。授業の後半にコース評価アンケートを回答し、執筆した論文の

相談を行う。1週間後に、論文をオンラインで提出する。

3. 授業設計・実施における工夫

3.1 植物多様性の国際データベースのデータ扱い

　セメスター序盤の目的である「②植物多様性の国際データベースの基本操作を知る」と「③データベースからデータを検索、回収と集計ができる」を達成するため、GBIF のシステムを紹介した上で、操作や検索方法を実演できることが必要となる。しかし、検索する植物分類群、または研究目的により GBIF の検索方法が異なるため、実演する前に学生が調べたいテーマを絞る必要がある。

　そこで、第1回目の授業後にグループメンバーと話し、2つの候補の研究テーマを考えることを課題とした。考えたテーマ候補は Google Forms に記入し、教員に送信する（BOX 2参照）。第2回目に、教員が全グループの研究テーマをまとめ、仮説に絞る作業に入る。「独立変数」と「従属変数」の概念を解説し、学生をグループに分ける。*Buzz-groups* の手法を用いて、各グループが研究テーマの候補から「どんな変数を利用するか」を決める。その後、仮説を文章として執筆し、提出する。第3回目までに、教員が各グループの仮説を参考にしながら、GBIF の操作の実演を計画する。

BOX 2：2020S セメスターの学生が考えた研究テーマ例
・日本におけるカタバミの分布と空気汚染の相関推定
・世界温度変化とワカメにおける分布の相関推定
・アフリカにおける森林破壊推定
・ヤマゴボウとツグミの分布相関
・タンポポの分布における台風の破壊影響
・日本におけるオオバコの葉の形態計測

3.2 データ集計と解析

　データ検索と操作の実演ができると次に、「③データベースからデータ

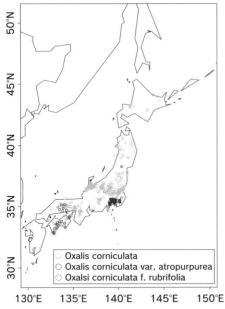

図2. 学生が計算したカタバミの分布地図の例。

を検索、回収と集計ができる」と「④集計したデータをグラフ化できる」の達成を目標とする。データにアクセスができても、そのデータを利用し、仮説の検証ができるのかが次の課題となる。適切な解析方法は研究テーマによって異なるため、仮説設定の時点で全グループが共通の解析方法を利用することの指導が必要となる。そこで、共通の解析方法であれば、実演が可能となる。

第3回に仮説を設定し、模擬データを GBIF から授業中にダウンロードする。課題として、自身のグループが対象としている植物のデータを GBIF からダウンロードし、第4回の授業に持参する。データを集計する際、2つの変数（「時間」と「個体数」）のみ使用する。その2つの変数で、目的に応じ、Occurrence（発生数）と Distribution（分布）の計算ができる。Occurrence の計算は Excel で行うため、Excel の基本操作は YouTube 動画で説明する。また、第5回の授業で Excel の実演も行う。Distribution は RStudio を用い、実演しながら、学生と共に計算する[4]（図2参照）。

3.3 結果の解釈とその報告

学期の後半に得られたデータやグラフに基づき、論文執筆の指導に入る。IMRD 型の論文を参考にしながら解説に進む。その中で解析に対する結果を報告するが、その結果の意味を解説することが学生にとっては非常に難しい作業となる。実習実験と異なり、今回の GBIF 調査では、結果が最初に設定していた仮説と一致しないことが多い。そこで、学生が「失敗し

た」と感じることもある。その際に参考文献を探し、予想外の結果が出た意義を探るように指導することが必要となる。

そこで、第6回の授業では *jigsaw* 法を使い、各グループが5分間で自身のプログレスレポートを報告する。その際にデータ集計や解析の悩みを強調し、他のグループから対策案をもらう。そして、第9回と第11回の授業で、グループ間のピアレビュー（論文査読）を行う。2人ずつのグループに分かれ、お互いの草稿を読み、改善点や改善案を示す。ピアレビューにあたって、学生は自身の論文の改善点の理解をもっと深める。

3.4 オンライン授業の工夫

COVID-19 の影響で、2020年度の本授業を全てオンラインで開催した。シラバスで予定していた内容を学習するだけではなく、遠隔で学生のサポートができるような工夫も必要であった。まずは学生がオンラインで学習資料に正確にアクセスできるよう確保することが必要となるため、Google Classroom を利用した。Google Classroom では資料の共有、メールのやり取りを教員と学生がお互いに利用することができる。週（授業）ごとに資料をアップし（図3参照）、学生とやり取りしながら進行の把握ができた。これにより、スケジュール管理をさらに効率化することができた。

スケジュール管理の問題に加え、学生の精神面への配慮も非常に大事であった。今回の受講生が1年生で、まだ大学の環境や同級生との関係性に慣れていない状態であった。同級生と人間関係ができていないために、学生が不安を感じた時点で自らその解決方法を探ることができない例が多かった。そのため、セメスターの序盤でグループワークを増やした。特に、研究計画を考える作業の際に、「手分けしましょう」や「お互いの役割を決めましょう」などの指示を出した。セメスターの中盤にもピアレビューの機会を多く与えた。その結果、学生同士が助け合える機会を作ることが出来た。

4. 授業改善の検討

毎回の授業において学生と積極的にコミュニケーションをとり、学習の

図3. Google Classroom にての資料表示

　相談に乗った。最終回の授業では、学生から本授業全体へフィードバックを受けた。これらの経験を踏まえ、以下のように授業の改善点を検討している。

　基本的に、ほとんどの学生が本授業を楽しく、また興味深く受講したようである。学生が本コースを面白い、楽しいと感じたポイントは執筆方法だけはなく、科学のプロセスを体験できる点にあったようだ。論文を読むだけではなく、自分で書くと共に、研究を自身で計画し、実施することに価値を感じてくれたようである。GBIF を利用し、植物の研究をすることが、人生で初めて楽しかったと感じたという学生もいた。グループによる共同研究の経験も好評だった。

　一方、課題の多さや難しさを訴える声も多く聞かれたように思われる。この点については、授業内容自体の問題だけではなく、スケジュール管理やオンライン授業という環境によるところも大きかったと考えられる。ほとんどの学生が授業のペースについては標準的だと思っていたようであるものの、課題にかなりの時間を費やしていたようである。授業内容の改善のみならず、オンラインで受講する不安を考慮し、学生のタスク管理の指導に力を入れることが必要であると考えるに至った。

5. まとめ

　本章では、GBIF の多様性国際データベースを利用し、学生自身が英語で科学論文を執筆する授業を紹介した。13 回におよぶ授業で、学生が Scientific Method を使い、科学論文の執筆を学ぶ機会となった。今回は植物の分野に基づき、学生と共に地域分布の研究に挑んだ。授業目標を達成するためには様々な工夫が必要で、2020S セメスターのために活かせる資料や教材を教員が提供した。学生からのフィードバックに基づき、本授業の改善点についても議論を行った。生物多様性に関する授業が能動的なものとなっていけば、学びがより効率的になるであろう。本章の内容が他の教育機関で活かされ、若手科学者の育成に役立つことを望む。

（注）
1) GBIF.org (2020), *GBIF Home Page*. Available from: *https://www.gbif.org* [05 August 2020].
2) ALESS Lab YouTube Channel *https://www.youtube.com/channel/UCd6a 87vHw3okJ8coYn7SJOA*
3) RStudio Team (2016). RStudio: Integrated Development for R. RStudio, Inc., Boston, MA. *http://www.rstudio.com/*
4) 今回利用した RStudio のスクリプト：*https://github.com/DTVasques/ALESS 2020/blob/master/ALESS2020_Maps_Distribution.txt*

アクティブラーニングによる Webプログラミング実習
――反転授業の事例

吉田　塁

1. 授業の背景情報

1.1　概要

　本授業は知識 0 の人でも Web プログラミングができるようになることを目的としており、学ぶべき内容は非常に多い授業となっている。

　授業は、第 1 部「Web プログラミングの基礎体力づくり」（第 1 回〜第 8 回）、第 2 部「Web サービスの開発」（第 9 回〜第 13 回）と 2 部構成で設計した。第 1 部では、HTML（HyperText Markup Language）、CSS（Cascading Style Sheets）、JavaScript、Ruby on Rails に関する基礎・応用を学び、第 2 部では、チームを作って実際に Web サービスを開発してもらった（1 人で開発することを選んでも良いことにした）。そして、最終的にその Web サービスをデモも含めた形で発表してもらった。

　第 1 部については、基礎知識を授業前に動画で学び、授業中には課題に 1 人、ペア、グループで取り組んでもらう反転授業形式とした。理由としては、知識 0 の人でも Web プログラミングができるようになるためには、様々なプログラミング言語を学ぶ必要があり、授業内での知識伝達では十分でないこと、動画を見返して何度も学べるような環境を提供したかったこと、授業内では対面だからできる他者との協働を行うアクティブ

ラーニングの活動を行いたかったことが挙げられる。

　本章で説明する本授業は、2017 年度 A セメスターおよび 2018 年度 S セメスターに開講した「0 から始める Web プログラミング」および「アクティブラーニングによる Web プログラミング実習」の実践をふまえて改善した、2018 年度 A セメスターに開講した授業である。

　以後の内容について理解してもらうために簡単に、HTML、CSS、Java Script、Ruby on Rails の関係について説明する。敢えて平易に説明すると、HTML は Web ページの骨格を記述する言語であり、CSS は Web ページの見た目を記述する言語である。HTML や CSS は動きのない静的な情報を主に扱うのに対して、ボタンを押したらポップアップが表示されるなど Web ページの動的な部分を記述するのが JavaScript である。そのため、Web ページを記述する上で、それらの言語の理解が必須となる。我々が Web ページを見ることができるのは、我々のパソコンやスマートフォンが Web サーバーにアクセスして、HTML ファイル、CSS ファイル、JavaScript ファイルなどをダウンロードして、それらを元に画面を作成してくれるからである。ここで、Ruby on Rails はそれらのファイルの作成およびやり取りを促進してくれるフレームワークであり、これを用いることで効率的かつ効果的な Web サービスの開発ができるため、本授業で扱っている。

1.2　受講者

1.2.1　学年

　全学自由研究ゼミナール（1・2 年生対象）と高度教養特殊演習（3・4 年生対象）の合併授業として開講した。

1.2.2　人数

　学生は 64 名（1〜2 年生 36 名、3〜4 年生 28 名）であった。5 割ほどの学生はプログラミングの経験があったが、残りの 5 割の学生はプログラミングの経験がなかったため、ほぼ 0 から学んでもらう必要があり、そのような学びを支えるための環境づくりが肝要だった。

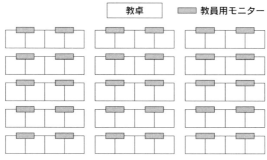

図 1. 教室の模式図

1.3 授業支援者

ティーチング・アシスタント（TA）はおらず、1 人で授業運営を行った。授業前に基礎知識を確認できるようにしており、授業内ではグループワークがメインであった。そのため、授業内では教員が適宜学生のサポートを行うことができたため、TA がいない場合でも大きな支障はなかった。

1.4 教室（情報教育棟 E26 教室）

本教室は、横 12 席で、4 席おきに通路があり、縦に 8 列ほどある各席で PC が利用できる教室であった。横 2 席の間に教員用モニターが別途設置されており、教員の操作画面や授業資料を閲覧できる環境であった（図1）。

2. 授業の目的・到達目標と構成

2.1 目的

「知識 0 の人でも Web プログラミングができるようになる」ことを目的とした。その背景としては、IT スキルが必須の現代において Web に関する知識・技能を持っておくことでこれから学生が行う多様な活動を高度化できると考えられることが挙げられる。

具体的には、Web プログラミングを行う上で必須の HTML、CSS、JavaScript を学んだ後、柔軟な Web システム開発が可能な Ruby on Rails を学び、最終的にはプロトタイプでも構わないので独自の Web サービスを開発することを目指した。

① Web サービス開発に関する基本事項について説明できる
② HTML を用いて Web ページを作成できる
③ CSS を用いて Web ページのスタイルを設定できる
④ JavaScript を用いて Web ページに動的な機能を実装できる
⑤ Ruby on Rails を用いて Web サービスを実装することができる

①は毎授業の振り返りフォームへの情報入力で評価、②〜⑤については授業中の課題および最終課題で評価した。

2.3 授業の構成

2.3.1 全体設計

プログラミングの基礎を学ぶ第 1 部「Web プログラミングの基礎体力づくり」（第 1 〜 8 回）、プログラミングを実践する第 2 部「Web サービスの開発」（第 9 〜 13 回）の 2 部構成とした（表 1）。

第 1 部では、Web プログラミングの基礎である HTML、CSS、Java

表 1. 授業の構成

部	授業	内容
第 1 部 Web プログラミングの基礎体力づくり	第 1 回	ガイダンス（宿題 HTML 基本文法）
	第 2 回	HTML 活用（宿題 CSS 基本文法）
	第 3 回	CSS 活用（宿題 JavaScript 基本文法）
	第 4 回	JavaScript 活用①（宿題 JavaScript Web ページとの連携）
	第 5 回	JavaScript 活用②（宿題 Ruby on Rails View Controller）
	第 6 回	Ruby on Rails 活用①（宿題 Ruby on Rails Model）
	第 7 回	Ruby on Rails 活用②（宿題 Ruby on Rails MVC 連携）
	第 8 回	Ruby on Rails 活用③
第 2 部 Web サービスの開発	第 9 回	チーム決め、Web サービス開発
	第 10 回	Web サービス開発 & 議論
	第 11 回	Web サービス開発 & 議論
	第 12 回	Web サービス開発 & 議論
	第 13 回	最終発表

Script および柔軟なシステム開発が可能な Ruby on Rails に関する基礎・応用を学んでもらった。多くの事項を学んでもらう必要があるため、基本的に第 2 〜 8 回には事前課題があった。授業中は、事前課題に関する復習やフィードバック、グループワークを通した授業内容の理解やプログラミングを行った。

　第 2 部では、1 人もしくはチームで実際に Web サービスを開発してもらった。第 1 部で学んだことを参考に、自分があったら良いなと思う Web サービスを自分の力で開発してもらった。そして、開発した Web サービスを発表してもらった。

2.3.2　授業共通の構成

　授業共通で、学生の事前情報登録、前回の質問・コメントに対する回答、座席指定、自己紹介、グループワーク、振り返りフォームへの情報入力という構成であったため、その内容を簡単に示す。

　授業開始までに各学生は、教員が用意した Web フォーム（Google Forms）に氏名と学生 ID を登録した。座席指定や出席確認を行う際にこの情報を用いた。

　授業の開始時には、前回の授業で得られた質問やコメントとそれらに対する回答を資料内に掲示して、必要に応じて補足説明を行った。こうすることによって学生とのインタラクションを増やした。

　次に、Web フォームに登録された情報をもとに、教員は学生がランダムに配置されるように座席表を作成し、それを提示して、学生に各自の席に座ってもらった。このようにすることで自己紹介やグループワークをしやすい環境を整えると同時に、出席確認を容易にした。

　そして、学生同士自己紹介してもらい、その後のグループワークにて話しやすい環境を整えた。

　その後、各授業の内容に合ったトピックに関してグループワークを行ってもらった。グループワークを導入した埋由は、それらのワークを通して内容の理解を深めるため、もしくは実践を行ってもらうことで、リアルタイムに学生が集う授業の価値を最大限高めるためである。

最後に、授業の振り返りとして、Web フォーム（Google Forms）に、今日の授業で学んだことや疑問などを記載してもらった。この内容を次回の授業の冒頭で共有したり、説明が足りないと思ったところを補足するなど授業設計および実施に役立てた。

2.3.3　第1部「Web プログラミングの基礎体力づくり」

第1回ではガイダンスを行った。最初に教員の自己紹介を行い、授業の目的や目標、構成や流れなどの授業の概要を説明した後、学生同士が話すことに慣れることを目的として自己紹介および他己紹介のワークを行った。その後、Web ページが見られる仕組みや Web システムの開発の流れを説明した。そして、実際に Web の掲示板を作るにはどのような機能や画面が必要かを一人で考え、その後にペアで意見交換をして、最後に全体共有を行う Think Pair Share を行うことを通して、Web システムの開発について理解を深めてもらった。

第2回では、授業前に HTML の基本文法に関する動画（計18動画、各2〜3分）を視聴してもらい、授業内では Web 掲示板のページを簡易的に作ってもらった。

第3回では、授業前に CSS の基本文法に関する動画（計15動画、各2〜3分）を視聴してもらい、授業内では CSS を用いて Web 掲示板のページのデザインを作ってもらった。

第4回では、授業前に JavaScript の基本文法に関する動画（計13動画、各2〜3分）を視聴してもらい、授業内では JavaScript を用いて、「1から10までを足し合わせてその合計値をポップアップで表示させる Web ページ」を作るなど、JavaScript の基本文法を用いてプログラミングに挑戦してもらった。

第5回では、授業前に JavaScript と Web ページを連携させる方法に関する動画（計6動画、各3〜4分）を視聴してもらい、授業内では JavaScript を用いて、「ボタンを押すと2秒後に、テキスト入力欄に記入された文字列をダイアログ（ポップアップ）で表示するプログラムを作成する」など、Web ページに動的な要素を加えてもらった。

第6回では、授業前にコマンドライン、Ruby on Rails の環境整備、

仕組みに関する動画（計8動画、各3〜4分）を視聴してもらい、授業内では一緒にステップをふみながら Ruby on Rails で Web サイトを作る流れを確認した上で、Web ページを追加する演習に取り組んでもらった。

第7回では、授業前に Ruby on Rails の MVC（Model View Controller）に関する動画（計7動画、各3〜4分）を視聴してもらい、授業内ではユーザー登録なしで書き込める簡易な Web 掲示板を開発する演習に取り組んでもらった。

第8回では、授業前に Ruby on Rails の実践的な利用方法に関する動画（計10動画、各3〜4分）を視聴してもらい、授業内ではユーザー登録がある Web 掲示板を開発する演習に取り組んでもらった。

2.3.4　第2部「Web サービスの開発」

第9回では、授業前に開発に関するアンケートを取った上で、開発するサービスやチームを決め、開発に取り組んでもらった。学生一人ひとりの状況を把握するために、授業前に、授業で開発したい Web サービスの構想があるかないか、1人でやりたいかチームでやりたいか、チームでやりたい場合、組みたい人がすでにいるかどうかなどの意思をアンケートで聞き、すでに1人や複数人のチームメンバーで開発することを決めている学生やチームではやりたいが組みたい人がまだ決まっていない学生を把握した。後者の学生に関しては、授業内で開発したいサービスのアイデアをそれぞれ共有してもらい、似た興味を持つ学生同士をマッチングした。

第10〜12回では、それまでに開発したサービスについて学生同士で相互フィードバックしてもらい、その後の時間は開発および教員による個別サポートの時間とした。相互フィードバックの方法について説明する。最初にランダムに座席を決める際、同じチームの学生が隣合わないようにして座ってもらい、異なるチームのメンバーが4人1組のグループになるようにした。そして、1人あたり、3分間で開発したサービスを説明し、5分間で他の学生からのフィードバックを得てもらった。その後、記録を残すため3分間で他の学生に Google Forms にテキストでフィードバックを入力してもらった。このようにして、人数分だけ同じフィードバックの時間を設け、相互フィードバックを行ってもらった。

第13回では、授業前に開発したWebサービスを全て学生間で共有し、最も良くできたと感じたWebサービスに各自投票してもらい（1人最大2票）、授業内では、サービスを開発したメンバーが異なる4人1組のグループ内でそれぞれが開発したサービスの発表をしてもらった後、投票上位のチームに開発したWebサービスについて全体で発表してもらった。

3. 授業設計・実施における工夫

3.1 基礎知識の取得から実践まで行うコースデザインと反転授業の導入

本授業は、プログラミング言語をただ覚えるだけではなく、実際にWebサービスを開発するといった実践的なものである。そのため、Webプログラミングの基礎を学ぶ第1部、Webサービスを開発する第2部と2部構成にした。

第1部では学ぶ内容が非常に多いため、事前に動画教材で基本知識を学び、授業内ではそれらの知識を応用するワークを行う反転授業を取り入れた。それによって、学生は事前事後学習がスムーズに行え、内容が多く半学期と短い期間であるにもかかわらずWebサービスを開発できるまでとなった。以下に授業終了後に匿名で得た学生の感想を掲載する（図2）。

過去に2回行った授業では第1部を反転授業の形式にしておらず、伝えるべきWebプログラミングの基礎知識が多かったため、授業内ではそれらの説明にほとんどの時間を費やさざるを得なかった。簡単な演習は時折入れていたものの、基本的には教員が説明する内容を実際にPCでトレースしてもらうものであった。また、スライド資料は配布していたものの

・webプログラミングについての知識と作成したアプリの公開方法を学ぶことができた
・ウェブサービスを作る動きが概観できてよかった。CSS, Javascript, Rubyと量は多かったですがその分学びが多かったです
・プログラミングを実装する段階まで実行したのは良い経験となった。動画をあげてくださり、予習・復習に役立った
・動画が非常にわかりやすくて後から見返したりもしやすくてすごく勉強しやすかった。Webプログラミングを知識0から想定通りの動きを実装できた嬉しさを感じるところまでできた

図2. 学生の感想例

復習・予習がしにくかったり、演習は授業外学習にしたものの質疑応答が十分できなかったりといくつか改善点があった。

そこで、いつでもどこでも復習・予習が可能な動画教材を提供して、それらを事前に確認して基本的な知識を獲得してもらった上で、授業内ではそれらの知識を応用するワークを行う、反転授業が本授業には最適であると考えて、導入を決定した。その結果、動画制作するべき内容が多く、非常に時間と労力がかかったが、学生には非常に好評で、反転授業にしてよかったと強く感じている。

3.2　座席指定および自己紹介

授業冒頭で必ず座席指定および自己紹介を行っていたため、その内容について説明する。

3.2.1　座席指定の方法

毎回、隣り合う学生がランダムになるように座席指定を行った。以下、学生による事前情報登録、座席表の作成、座席表の提示と流れに沿って具体的な方法を説明する。

学生による事前情報登録　教員が用意した Google フォームに授業開始までに氏名と学生 ID を入力してもらった。それらの情報は座席表作成および出席確認に用いた。

座席表の作成　Google フォームに入力された氏名の情報を用いて、Excel シートを活用したランダムに学生を配置する座席表を作成した。具体的には、1つの Excel ファイル内に、「学生リスト」と「座席表」の2つのシートを用意した。「学生リスト」には学生の ID、名前、乱数（RAND 関数）の列を用意し、「座席表」は教室のレイアウトに対して各学生の名前を参照するようにした（図3）。そして、毎授業、学生リストの乱数の列を軸にソートを行い、学生がランダムに配置された座席表を作成した（図4）。

座席提示　具体的には、授業前から前面のモニターおよび各テーブルに配置されている教員用モニターに座席表を提示して、自分の名前があるところに座ってもらった。その後1分ほどで、座席に空席がないかを確認することで出席確認を行った。

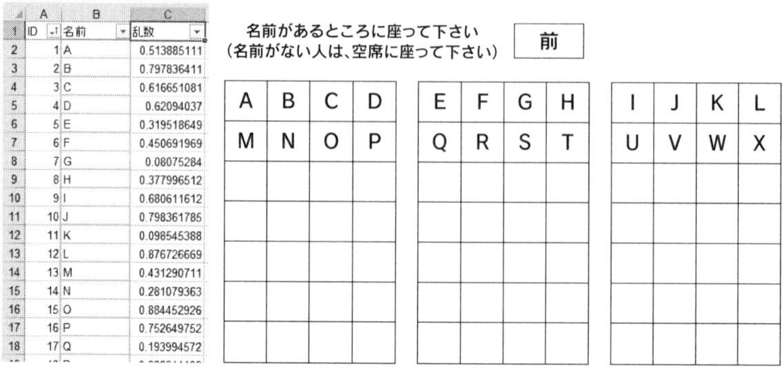

図3. 学生リスト（左）と座席表（右）の例（ランダム化前）

図4. 学生リスト（左）と座席表（右）の例（ランダム化後）

3.2.2 自己紹介の方法

　ランダムに座席指定をしていることから、お互い話しやすい雰囲気を作るために、授業の冒頭5分間ほど使い、お互いに自己紹介してもらった。自己紹介の内容は、所属、学年、名前、その日に決めたトピックであった。トピックについては毎回、1人の学生を指名して、その学生にその日のトピックを決めてもらった。例えば、最近感動したもの、笑ったことなどアイスブレイクになるようなものが多かった。

3.2.3 座席指定および自己紹介のメリット

　座席指定と自己紹介を行うメリットを以下に挙げる。

　1点目は、座席指定と自己紹介をすることによって、スムーズにグループワークができるようになる点である。学生の意思に任せて座ってもらう

と、空席ができやすく、グループワークを行う際に移動を伴い時間がかかったり、場合によってはワークに参加しない学生が出たりする。座席指定することで上記の問題点は解決し、さらに自己紹介も行ってもらうことで、互いに話せる環境を整えることができる。そうすると、スムーズにグループワークを行うことができる。

　2点目は、普段は話さない学生と知り合える場、意見交換する場を提供できる点である。本授業では文系理系や学年を超えて幅広く学生が集まっていた。そのような多様な学生同士で議論したり、情報交換したりする機会を設けることで、新たな視点を獲得できることが期待できる。

　3点目は、出席管理が楽になることである。人数が多いと出席確認に時間がかかることが多い。ただ、教員側が座席を表示しておいて、それに合わせて座ってもらうようにすれば、欠席者が一目瞭然になるため、出席管理が楽になる。

3.3　動画教材の提供

　学習内容が多いため、事前に動画教材で基本知識を学び、授業内ではそれらの知識を応用するワークを行う反転授業を授業の第1部で取り入れた。以下、動画の制作について説明する。

　動画の制作は、授業実施と並行して行った。本授業は火曜2限であり、できるだけ金曜日までに次週の動画を制作した。遅れてしまうときは学生に謝りの連絡を入れつつ、公開予定日を共有した。

　動画は、トピック毎に PowerPoint のスライドを準備し、OBS（Open Broadcaster Software）というソフトウェアを用いて、顔映像が映るようにして撮影した（図5）。顔映像に関しては、グリーンシートを後ろに配置して OBS でクロマキー処理を行い、顔や体以外は透過させる処理を行った。そして、撮影した動画を Mac の iMovie で簡単に編集を行い、YouTube にアップロードして、リンクを知っている人のみが見られる限定公開の形式で動画のリンクを学生に共有した。

　動画を制作する際に気を付けた点としては、動画をトピック毎に分けて短くしたこと（1点目）、多少言い間違えてもすぐに訂正してそのまま続けること（2点目）、編集の作業を軽減するために録画をこまめに止めること

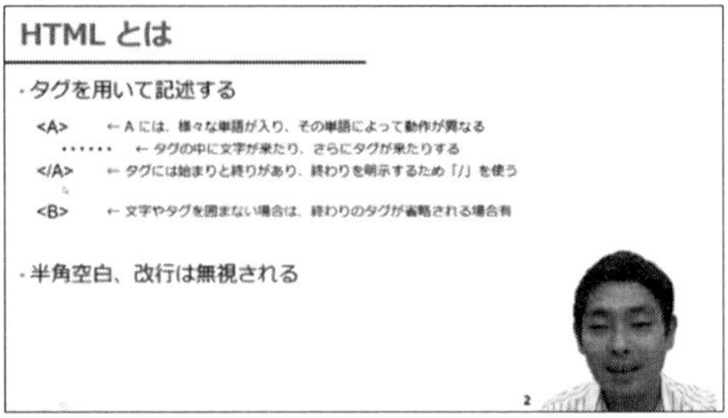

図 5. 動画教材の例

（3点目）が挙げられる。

　1点目について説明する。105分間の動画であるとトピックの変わり目もわかりにくく、連続して見てもらうことは難しい。実際、Guo らが行った大規模公開オンライン講座（MOOC：Massive Open Online Course）の研究から10分を超える動画は途中で視聴が止まることがわかっている[1]。そこで、できるだけトピックを明確に分けて、短い動画を作ることを意識した。また、トピックが複数になるとそれぞれのトピックの関係性が不明瞭になることから、各トピックを説明する前にトピック間の説明を行う、短く全体像を提示する動画も作成した。

　2点目について説明する。言い間違えると録画を撮り直したくなり、実際に撮り直しを行っていたが、そうすると撮影時間が非常に長くなってしまった。そこで、実際に伝わることが重要という意識のもと、多少噛んだり、言い間違えたりしても言い直すことによって訂正できるだろうと心持ちと行動を変えることによって、撮影時間を半分以上減らすことができた。

　3点目について説明する。動画を撮りっぱなしにしていると、不要な部分をカットするなどの編集を行う際に、再度動画を見直さないといけないため、編集にかかる時間が多くなってしまう。そこで、撮影中にここは確実にカットすることになるな、と感じたら、録画を一回止め、動画ファイルを別々に保存するようにした。そうすることによって、動画を編集する際にカットするところが明確になり編集がスムーズに行えるようになった。

3.4　グループワークの設計と実施

　反転授業の一環として、事前に動画教材を用いて学んでもらった知識を

活かすグループワークを行ってもらえるように工夫した。まず前述したように座席指定と自己紹介をしてもらい、話しやすい環境を整えた上で、グループワークに取り組んでもらった。

グループワークは Think Pair Share を活用したもので、まず1人で考えて、その後グループで自分が考えた結果や作成したプログラムのコードをシェアするものとした。そして、最後に全体でコードを共有してもらい、必要に応じて質疑応答の時間を設けた。

以下、第2回で行ったワークを例に挙げて説明する。

動画で学んだ HTML を使ってもらう前に、Web サービスの開発をイメージしてもらうため、まず Web 掲示板のページに必要な要素について、まず1人で5分考えて、その後グループになって10分で考えたことの共有および議論をしてもらい、全体でその内容を共有してもらった。その中で、必要な要素として、掲示板のタイトル、投稿された内容を確認する部分（投稿者名、投稿日時、本文）、投稿する部分（投稿者名、本文、送信ボタン）などが挙げられた。

その後、挙げてもらった要素を HTML で表現するワークを15分1人で行い、その後グループで10分用いて作成した HTML のコードを共有および議論してもらった。学生たちは HTML の h1 タグや form タグなどを用いて、実際にコードを作成してくれていた。

3.5 振り返り用 Web フォームの活用

毎回の授業後に振り返り用の Web フォームを Google フォームで作成して、学生に回答してもらった。内容としては、氏名、学生 ID、今日の授業で学んだこと、今日の授業で疑問に思ったこと、今日の授業の感想が主なものであった。疑問に思ったことに関しては、次回の授業冒頭で2～3個ピックアップして紹介し、スライド内に回答を載せ、必要に応じて口頭で補足した。Web フォームに回答された内容を把握することで、学生がどこまで理解しているのか、どこが難しかったのかを把握でき、学生の視点に立った説明や授業運営が可能になった。

（注）

1) P. J. Guo, J. Kim & R. Rubin (2014). "How video production affects student engagement: An empirical study of MOOC videos". *Proceedings of the first ACM conference on Learning@ scale conference*, pp. 41-50.

第7章

大学教育開発論
——「教える」をじぶんごとにする授業事例

栗田佳代子

---

1. 授業の背景情報

1.1 概要

本授業は、大学教員を目指す東京大学の大学院生、ポストドクター、教職員を対象として、学生が主体的に学べるような教育を行うことができる実践的な教育能力の向上を目的とする全学型のファカルティ・ディベロップメント[1] (Faculty Development; FD)・プレ FD[2] プログラム「東京大学フューチャーファカルティプログラム（東大 FFP）」を大学院共通授業科目「大学教育開発論」としても開講しているものである。

現在、大学教員としてのキャリアを歩むにあたっては、研究者としてだけでなく、教育者としての資質も問われている。本授業は、学生が主体的に学ぶために必要な、学生のモチベーションの高め方、授業デザインやシラバス、評価方法などを学ぶ。また、アクティブラーニングの手法を取り入れたグループワークを多く経験し、模擬授業の実施を含み、教育者としての力を実践のなかで身につける。多様な研究領域から集う受講者相互の学び合いは、新しい視点の獲得につながり、また、プログラムの修了後も学び続け、異分野の仲間と繋がり続けるネットワークを培う。

本授業で学んだことは、「目的・目標を明確にして、それを達成するた

89

めのデザイン」や「伝えたいことが確かに相手に伝わるコミュニケーション」を学ぶという点で、研究活動の向上にも寄与することが期待されている。

本授業では、所定の成績を修めることによって単位取得ができるほか、「東京大学フューチャーファカルティプログラム」の履修証が授与される。

1.2 受講者

本授業は、本学に所属する修士課程・博士課程在籍者、ポストドクター、教職員を対象としており、これらの受講者による混成である。大学院生を受講者の約8割とし、残り2割をポストドクターおよび教職員という構成としている。

定員は25人とし、Sセメスター、Aセメスター各2講座（同じ内容）ずつ開講している。2013年の開始以来、募集人員に対して平均すると約1.4倍の応募がある。また、これまでに全ての研究科からの受講がある。

さらに、国内のプレFDプログラム普及支援を目的として、学外者もオブザーバーとして各講座若干名を受け入れている。

1.3 授業支援者

大学総合教育研究センター所属の特任研究員または研究支援員が、授業補助としてついている。授業においては、各種連絡や印刷資料の準備と配布、録画担当などを行う。実際のところは、授業補助がない授業回も時折発生しており、この場合は教員が一人で対応することも可能である。

また、受講生からの提出物が多いことから、上記授業補助よりもむしろ提出物の管理および予備採点が、授業支援者の重要な役割となっている。

さらに大学教育開発論の第6・7回には、小グループにわかれた模擬授業が実施される。各グループには1-2名のファシリテーターがつく。木曜金曜の各第6・7回に必要なファシリテーターの述べ人数（各グループに2名とする）は、対面時は24名、オンライン時はグループサイズを小さくするため36名程度となる。このファシリテーターは、大学教育開発論の修了者に対して募集を行っており、グループにおける模擬授業の進行や個別フィードバック、グループでの検討会の運営に協力してもらっている。

ファシリテーター自身もかつて模擬授業を行った経験があることから、役割に関しては容易に理解可能である。ただし、1名では荷が重いと考え、2人組での担当としている。

　また明確な授業支援者という位置づけではないが、本授業では前述のとおりオブザーバー制度を設けており、他機関からの参観を受け付けている。これらオブザーバーは、本来は参観者であるが、グループ活動において欠席者の補充が必要な場合などに入ってもらっている。このことにより、他機関の方々との交流が自然に生まれる。また、適宜、所属されている別の大学における現状を紹介してもらうことで、ゲストスピーカー的な役割も果たしてもらっている。

1.4　教室

　2019年度までの対面授業では、年4回のうちSセメスターの1回を駒場キャンパスのKALSで実施し、3回を本郷キャンパスの福武ラーニングスタジオで実施した。2020年度のオンライン授業ではZoomを使用し、リアルタイムのオンライン授業とした。

　本授業では、グループワークを多用することから、視線が一方向を向くスクール形式ではなく、受講者が相互に目に入る島形式にテーブルを配置して授業を行っている。KALSでは通常の運営では、まがたま（勾玉）テーブルを3つ組み合わせて島をつくっているが、相互の距離を縮めて議論をより活発にするために、テーブルを1つ減らして2つのテーブルで島をつくり5人程度が着席した。福武ホールの教室（スタジオ）では、机を4つで1つのグループをつくり、そこに5人程度が着席するように配置した。

2.　授業の目的・到達目標と構成

2.1　目的

　本授業では、大学教員として、責務の一つである「教育」の重要性を認識し、学生の立場にたった授業を設計し、それを実行できることを目的とする。そのために、授業実施に向けた実践的な知識やスキルを、多様な専門領域の受講生との協同学習を通して、実際に体験し、互いに学び合いな

がら獲得する。そして、研究だけでなく教育についても探究し続ける姿勢を身につけることを目指す。

<u>2.2 到達目標</u>

① 高等教育の現状の概要について説明できる
② デリバリースキルの観点を知り、自分のスキルの向上につなげる
③ グループワークに積極的に参加し、コミュニケーション力をつける
④ 学生が主体的に学べる授業のデザインができる
⑤ 評価に関する基礎知識をふまえた評価をデザインできる
⑥ 学んだ知識を模擬授業として活用し実施できる
⑦ キャリアパスについて考え、日頃の活動や今後の展望について整理できる

　①〜⑦を達成するために、課題および授業中の活動として、毎回の振り返りシートの他、1分間研究紹介、クラスデザインシート（授業案）作成、シラバス（テキストシラバス・グラフィックシラバス）作成、ルーブリック作成、模擬授業実施（2回）、構造化アカデミック・ポートフォリオ・チャート作成があり、これらの提出物や授業中における活動への取り組みから総合的に評価される。

<u>2.3 授業の構成</u>
　本授業は、原則隔週の開催で、2時限続きの全8回で構成される。ここでは、2020年度Sセメスターを例に紹介する。
　DAY1では、導入として学ぶ場づくりに重点をおいている。トピックは、他己紹介[3)]、研究紹介演習、高等教育の概論、東大FFPの概要と意義である。他己紹介で互いを知り、さらに研究紹介を別グループで行う。その後、高等教育の概要について学んだ後、東大FFPの概要と意義について理解するという流れである。冒頭は「はい」「いいえ」で回答できるような「クローズドクエスチョン」からスタートし、次第に長時間のグループ活動へと段階を踏む。研究紹介は、授業中にも行うが、1分間の研究紹介

を録画として提出することを課題とし、次回の相互評価を行う課題につなげる。

DAY 2 では、クラスデザインについて学ぶ。クラスデザインとは 90 分や 105 分といった 1 回の授業のデザインである。授業設計の要となる ADDIE モデルを学びつつ、構成の指針や観点として、学生の主体的な学習が『実る』ために不可欠なモチベーションについての理解や、学習者主体の授業方法として注目を集めているアクティブラーニングの諸技法についても体験を通して学ぶ。そして、これらのクラスデザインに関する要素を学んだ後、実際に DAY 6 で行う 6 分間の模擬授業のためのクラスデザインを、クラスデザインシートを用いて授業中に取り組み、これを DAY 2 の課題とする。

DAY 3 では、授業における評価の意義について理解し、その評価方法の良し悪しを判断するための観点や、具体的方法について理解する。特に、学生の学びを促し、レポート課題等の評価に役立つルーブリックを、グループワークで実際に作成する。なお、DAY 2 でもとりいれているが、DAY 3 のルーブリックの基礎知識については、「インタラクティブ・ティーチング」という動画教材の視聴を予習課題として課しており、この部分に関しては反転授業としている。

DAY 4 では、コースデザインを学ぶ。具体的には、自分が教授することになるであろう授業科目のシラバス案を各自が用意し、シラバスの「目的・目標」はじめ、各項目について順次手元のシラバスの改善を進める形で学んでいく。また、シラバス項目のうち、「授業構成」については、「グラフィックシラバス」を用いてコースの全体像をデザインする。これらの改善は随時ペアワークで互いに共有しながら進める。改善されたシラバスと作成されたグラフィックシラバスの提出が課題となる。

DAY 5 では、DAY 6・DAY 7 に控える模擬授業実施に向けて、受講者のうち 2 名に他の受講者に先んじて模擬授業を披露してもらい、みんなでこれらの模擬授業を検討することによって、より良い模擬授業づくりの要点を学び取ってもらう。同時に、適切なフィードバックの返し方も学ぶ。後半は、これまでに学んだことの総復習をポスターツアーという方法を使って行う。対面であれば模造紙を使ったポスター作成となる。オンライン

の場合には、ブレイクアウトルームにわかれて、各グループが Google Drive の共有フォルダにおかれた Google Slides を用いてポスターを作成し、それらを閲覧するバーチャルなツアーによって、ポスターツアーを実現する。

　DAY 6 では、グループにわかれて模擬授業を実施する。各グループでは、模擬授業の実施と検討会を 1 人あたり 30 分程度かけて行う。1 人あたりの流れとしては、まず、制限時間 6 分で模擬授業を行う。次に、模擬授業実施者とファシリテーターは別室（オンラインの場合は別のブレイクアウトルーム）にうつり個別のフィードバックを受け、その間、学生役は模擬授業に対するフィードバックシートの記入を行う。その後、模擬授業実施者とファシリテーターが戻り、全員で良い点や改善したらより良くなる点などを検討する。これが人数分繰り返される。

　また、各グループでのファシリテーションは、予め募集された FFP 修了生の 2 人組が行う。各グループのサイズは、対面の場合は 5-7 名程度、オンラインの場合は 4 名で実施している。模擬授業に関して、実施者は他者からのフィードバックを得る他、録画されたものを自分でも確認し、自己評価を行う。DAY 6 の課題は模擬授業の改善である。

　DAY 7 では、DAY 6 のグループサイズの倍のサイズのグループとして（つまり単純には 2 つのグループをくっつける）、改善された模擬授業の実施を行う。グループサイズが大きい分、各模擬授業の検討の時間は少なくなるが、より多種多様な模擬授業と接することで多くのことを他者から学ぶことを意図している。基本的な構造は、検討の時間が短い他は DAY 6 と同じである。DAY 7 も FFP 修了生のファシリテーションによって進行する。

　DAY 8 では、大学教員としてのキャリアパスについて考えることと、本授業で学んだことをあらためて自分の教育に位置づけるため、構造化アカデミック・ポートフォリオ・チャート（SAP チャート）を作成する。自分の教育だけでなく、研究やその他の活動についてリフレクションを行い、他者とともに共有を行うことでより気づきを深める。

　ここで、これら授業回で学ぶトピック間の関係性について図 1 を用いて説明する。図 1 は、「グラフィックシラバス」といい、本授業の DAY 4 において学習する、授業の構造やトピックごとの関係性を示す図である。

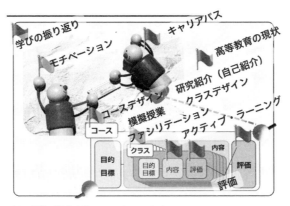

図1. 授業の構成（グラフィックシラバス）

この図では、本授業の DAY 1 -DAY 8 のトピックの全体的な関係性を
「ロッククライミングをする2人」にたとえて説明している。少し先を登
る教員に学習者が続き、両者とも上を目指して登っている。このときどう
すれば学生が自ら登っていけるのか、必要な知識を授けてサポートするの
が教員の役割となる。斜めの文字で表現されているのが、本授業で扱うテー
マである。

　少し先を登る教員が、学習者を助けようとして手渡すのが「授業」であ
り、これが拡大されて右下に表されている（この「授業」をここでは一つの
科目とし「コース」と呼ぶ）。コースは、「目的・目標」とその目的・目標を
実現するための「内容」、そして、目的・目標の達成を確認する「評価」
という構成を持つ。この「内容」とは実際に 105 分などの複数回の「ク
ラス」で構成され、「クラス」もまた、「目的・目標」「内容」「評価」から
なる。また、教員がいくら良い授業を提供しても、教員が学習者側のモチ
ベーションや熟達の仕方などの理解をしていなければ、学習者の学びには
つながらない。そうしたモチベーションもトピックとして重要なものの一
つである。また、「高等教育の現状」は、いままさに登っている岩肌全体
を知ることにたとえている。実際学んだことを実践する機会として、「模
擬授業」のデザインと実施を行う。最後に大学教員自身がどう登っていく
のか、つまり今後のあり方について「キャリアパス」という観点から考え
る。

3. 授業設計・実施における工夫

3.1 実践に結びつく内容と課題

　本授業は「教え方」を学ぶことを目的としているが、さらに具体的にいえば、最終的に大学教員として良い授業を行えることを目指している。したがって、「知っているけど使えない」ではなく、明日からでも使えるような実践への結びつきを意識した内容・課題としている。

　たとえば、レポート課題などを評価する手法の一つにルーブリックというものがある。DAY 3 では、このルーブリックについて、単に概要や構造などの知識を獲得するだけではなく、実際にレポート課題のサンプルを用意し、それらのためのルーブリックを作成してもらっている。ルーブリックは、知識として獲得するのは比較的容易であるが、実際の作成はなかなか難しい。作成の経験を得ることによって、自分の授業で使うためのハードルを下げる他、その作成の難しさや意義・価値などを体験に基づいて考え、共有することで、ルーブリックそのものの理解をより深めることができる。

　また、課題として、1 分間の研究紹介、シラバスの作成や模擬授業の実施など、実践に直結するものを課している。実際に作成したシラバスは公募資料として用いることができる他、現役の教員の場合には自身が行っている授業の改善につながっている。

3.2 多様な専門領域を持つ受講生が相互に共同的に学ぶ場づくり

　本授業は「教える」ということを学ぶ授業であるが、「学生が主体的に学べる授業」が実施できることを目的としている。このためには、まず、本授業が「教員が一方向で教える」だけのスタイルであってはならず、受講生には相互に学び合う場を体験してもらい、「そうした学び方の良さを、身をもって知る」機会をつくるようにしている。

　本授業では対面時は、島形式で着席し、グループ活動を多く取り入れている。授業では、首にかけてもらう名札を用意しており（その名札が授業開始前に島形式の座席にランダムに置いてある）、受講生は自分の名札がある座席に着席する。このことで、毎回異なる人とグループ活動を行うことが

できる。

　また、大学院生やポスドク、教職員が混ざったクラスであるため、グラウンドルールとして「"さん"づけで呼びあう」「敬意を持って、忌憚なく、建設的に相手に向き合う（「3K」と授業ではよんでいる）」を共有し、互いにフラットな関係性を構築する。

　以上の準備のもと、グループ活動については、授業進行の最初のほうは簡単なものを、回が進むにつれて複雑で時間のかかるものを配置し、無理なく協働できるような雰囲気とスキルを身につけていけるようにデザインしている。最終的には、授業終盤の模擬授業では、全く領域の異なる受講生がランダムにグループをつくるが、互いの学問の奥深さや異なる視点を共有して学べる意義を実感する機会となっている。

3.3　じぶんごとにする

　学習者が主体の授業ができるようになることが本授業の最終目的であるため、ここで学んだことは「ひとごと」ではなく「じぶんごと」にしてもらうことが重要である。獲得した知識を「じぶんが教える立場にたったらどう使うのか」、という問いを常に持ってもらう必要があると考えている。

　3.1で挙げた「実践に結びつく内容と課題」もまた、このじぶんごとにするための工夫に含まれる。同様に、3.2の「共同的に学ぶ場」によっても、他者の意見を共有したり他者からのフィードバックを受けることで、自身の特徴に気づいたり、認識を深めたりすることができる。

　さらに、本授業では、DAY 8 において構造化アカデミック・ポートフォリオ・チャートの作成を行い、大学教員としての教育・研究・その他の活動の各理念や価値などを考え、相互の関連性を見出してキャリアについて展望する。このとき、教育の部分については、本授業で学んだことを自分の理念にひもづけて振り返る機会となる。これもまた、学んだことをじぶんごとにする上で重要な機会と位置づけている。

3.4　授業終了後もつながり続け、学び続ける場の提供

　本授業はわずか半期2単位の授業であり、「教える」ことを学ぶには必要最低限の内容にとどまっているのが現状である。多様な仲間と学ぶ機会

をともにできる時間は限られている。

この不足を補うため本授業では、講座終了後に受講生全員が参加する修了生ネットワークを有している。後述する本授業の改善勉強会や、他大学や学内図書館でミニ授業を実施するプログラム[4] の講師募集、各種勉強会やイベントの情報などが共有されている。また、この多様な修了生が集うネットワークを生かして、博士課程修了後のキャリアパスについて78名もの人にインタビューを行った書籍の出版[5] にも至っている。

3.5 反転授業をとりいれる

貴重な時間を使って受講生が集う場において、「ここでしかできないこと」を追求し、最大限に時間を活用する工夫として、反転授業をとりいれている。反転授業とは、基礎的な知識は自宅等で動画教材などを利用して獲得しておき、応用的な課題を教室において協働で取り組むといった、従来の授業のステップを「ひっくり返した」ものである。ブレンド型学習の一種として、特に自宅学習をオンライン環境で行うものが反転授業と呼ばれている。

本授業を基盤として、「インタラクティブ・ティーチング」[6] という約80本の動画やワークシート類で構成されるオンライン教材が作成されており、そのテキスト[7] も刊行されている。本授業では、この動画教材の該当部分を反転授業用の予習教材として活用している（図2）。

図2. インタラクティブ・ティーチングの動画教材

4. 授業改善の軌跡

4.1 修了生との改善勉強会の実施

2013 年度に東大 FFP の第 1 期が終了した直後、修了生の 1 人から、「この授業をよりよいものにするために改善勉強会を開催したい」という申し出を受けた。受講生の視点からみた改善は、授業担当側にとっても大変ありがたいことから、実施することとなった。その修了生の呼びかけで6-7 名程度が集まり、1 回 2 時間の勉強会が約半年にわたり 6 回開催された。1 回分ずつのトピックの精査が行われ、より時間をかけたほうがよい内容や、削るあるいは変更したほうがよい内容などについて検討が重ねられた。

たとえば、模擬授業は第 1 期当初は、グループで 1 つのテーマにそったオムニバス式の授業をつくり全員の前で 1 回実施するというものであった。しかし、それは初めて模擬授業をする受講生にとっては発展的な内容であり、まずは 1 人ずつで模擬授業を実施するほうが学習内容として好ましいのでは、という意見がでた。また、加えて、模擬授業を 2 回実施して、改善を行う機会を明示的に設けたほうがよいという意見もあった。これらはとりいれられ、現在の形式につながっている。

また、コースの流れについても検討がなされ、トピックの順番を変更した。当初はコースデザインがクラスデザインの前にきていたが、その順序を逆にした。

4.2 逐次の自己改善

本授業では、毎回の授業はエクセルでつくったクラスデザインシートにそのデザインが記述されている。このクラスデザインシートにそって授業が進行するが、実際の授業において、時間配分がうまくいっていないところや、変更したほうがよいワークの方法などに気づく。それらは授業時に記録され、次回の授業改善に生かされる。たとえば、グループワークの時間を伸ばしたり、説明の部分に時間がとられたりすることから、グループサイズを 4 名から 3 名に変更する、などの改善が実施されてきた。

また、毎期終了時に内容を見直し、トピックや活動に関する比較的大き

な改善も随時行ってきた。たとえば、キャリアについては、当初は初回に扱っていた。その後、大学教員としての活動を俯瞰的に振り返るツールである構造化アカデミック・ポートフォリオ・チャート（SAPチャート）[8] がこの目的に適っていると考え、活用することにした。また、SAPチャートを最終回に実施することで、本授業で学んだことを包括的に振り返ってじぶんの教育者としてのあり方に位置づけることもできることから、実施回をDAY 8とした。

4.3　受講生およびオブザーバーからのフィードバックによる改善

本授業では、プログラム終了時に受講生およびオブザーバーに、アンケートに協力してもらっている。それらのフィードバックを授業の改善に生かしている。たとえば、これまで3・4時間目を開講時間としていたが、もう少し遅い時間の開講もしたほうがよいのではというコメントが複数見られたため、1年に4講座開講されるうち1講座は4・5時間目の開講としている。

5.　オンライン授業での工夫

5.1　安心な学習環境・質問のしやすい仕組みや雰囲気づくり

オンライン授業では、対面と比べて互いの把握が難しく、授業外での交流が少なく、また、個々人が孤立しがちであることから、受講生の不安や緊張を和らげ、安心して学べる場の雰囲気をまずつくりあげる必要があると考えている。

そのための対策として、特に初回は緊張度が高いことから、気軽に自分自身を振り返ることができる「今日の体調は？（答え）よい・まあまあ・よくない」という質問からはじめた（Zoomの投票機能を使用）。また、匿名性が確保できるSlidoという質疑応答のサービスを併用し、躊躇なく回答や質問ができるような環境を用意した（Zoomの場合、チャットでの質問はすべてログイン時の表示名がでてしまうため）。また、最初は、体調の質問のように、選択肢を設けたいわゆるクローズドクエスチョンから入り、次第に考えて答えるタイプのオープンクエスチョンを織り交ぜていった。

さらに、グループワークについてもまずは、ペアワークから入り、次はペアをくっつけた４人グループなど、話しやすい環境を段階的につくった。このように、質問やワークについて、簡単に答えられるものから複雑なもの・時間がかかるものへという構成をとることで、受講者の主体的参加がより求められる活動への自然な流れをつくった。

また、休憩明けに簡単なストレッチをすることを習慣化するなど、身体的にもストレスを軽減する時間を意識的に設けた。これは、実際にオンライン授業のため移動の必要なく座り続ける時間が長いために、身体的に必要性を感じている、ということもあるが、一緒にストレッチの体験を共有することで、互いの緊張感を取り払い、よりリラックスした雰囲気をみんなでつくりあげるという意図もある。

さらに、従来の授業においても同様であるが、オンラインでは名前が表示されるために、質問や発言に対し、「失敗」に対する恥ずかしさや恐れ、不安などの感覚をより持ちやすい。したがって、先述の匿名性への配慮に加えて失敗自体からも学びは多いというメッセージをオンラインではより多く発するようにしている。

5.2　グループワークの進捗を把握する仕組み

オンライン授業でグループワークを実施する場合、本授業で用いているZoom だとメインルームにいる教員の声は各グループには聞こえず、また、各グループの進捗は教員がグループに参加をしないと把握することができない。しかし、教員がグループに参加をすること自体がグループワークの妨げになることもあるし、一度に一つのグループしかみることができない。

そのため、Google Drive における各種 Google のファイル、つまりDoc や Sheet, Slide を各グループに割り当てて、このワークシート上にグループワークの成果を可視化してもらう形式とした。これにより、講師はこれらワークシートを巡回することで各グループの進捗を把握することができる。

5.3　相互評価の積極的な活用

通常の授業では、学生の成果物の評価は教員が行うのが一般的であり、

成果物を目にするのは当人と教員のみになることが多い。また、オンラインの場合、成績評価においては一斉試験が難しく、レポート課題などの提出物が多くなる傾向にある。

　一方、学生の成果物には素晴らしいアイデアが含まれており、教員でさえ学ぶことが多い。したがって、本授業では、相互評価を取り入れていくことで他者の成果物から学んだり、また、フィードバックを返すこと自体が、その課題に対する理解を深めたり自分の振り返りを促すなどの学習効果をもたらすことを期待した。オンラインでは、Google Forms などでフィードバックを回収するため、収集した各回答をまとめて当人に返却するという操作が非常に容易であることから、相互評価を積極的にとりいれている。

　またこのことは、その成果物が評価に用いられる場合、教員が1人で最初から評価するよりも、受講者相互の評価が予備採点として機能することにより、教員の負担が軽減されるという副次的な効果をもたらす。

（注）
1)　ファカルティ・ディベロップメントとは、広義には、研究、教育、社会的サービス、管理運営の各側面の機能の開発であり、それらを包括する組織体と教授職の両方の自己点検・評価を含む。狭義の FD は主に諸機能の中の教育に焦点を合わせる。（中略）教育に関する FD は総論的には教育の規範構造、内容（専門教育と教養教育）、カリキュラム、技術などに関する教授団の資質の改善を意味する。有本章（2005）『大学教授職と FD』東信堂
2)　プレ FD とは、大学院生に向けた FD の取り組みを指す。
3)　まず、ペアをつくり互いに自己紹介を行い、互いが相手を他者に紹介できるように、メモをとる。次にペアを2組くっつけて、新しく組んだペアに、自分がもともと組んでいた相手を紹介するという方法である。
4)　東大院生・若手教員によるミニレクチャプログラム https://www.lib.u-tokyo.ac.jp/ja/library/general/event/20200131
5)　栗田佳代子（監修）吉田塁、堀内多恵（編）(2017)『博士になったらどう生きる？―78 名が語るキャリアパス』勉誠出版
6)　「インタラクティブ・ティーチング」https://www.utokyofd.com/mooc/attend
7)　栗田佳代子、日本教育研究イノベーションセンター（編）(2017)『インタラクティブ・ティーチング―アクティブ・ラーニングを促す授業づくり』河合出版
8)　Yoshida, L., & Kurita, K. (2016) Development of a Graduate Student Academic Portfolio, *Educational Technology Research*, 39 (1), 111-123

学生がつくる大学の授業 反転授業をデザインしよう！
——学生参加型の授業づくりの事例

小原優貴・福山佑樹・吉田塁

1. 授業の背景情報

1.1 概要

本授業は、アクティブラーニングを取り入れた教授・学習法のひとつである「反転授業」について学び、知識伝達型の授業を学生が学習者目線で反転授業形式にデザインし、実践することを目的とした。反転授業とは、「授業と宿題の役割を『反転』させ、授業時間外にデジタル教材等により知識習得を済ませ、教室では知識確認や問題解決学習」などのアクティブラーニング活動を行う授業形態である（重田 2013[1]）。従来、授業中に学んでいた基礎知識を授業前に学ぶことで、対面授業では、ほかの学習者や教員と議論しながら、学んだ知識に対する理解を深めたり、応用力を身につけたりする活動に時間を費やすことをねらいとする（図1）。

この授業では、受講生が大学の授業を反転授業形式にデザインすることで、学生主体の学びのあり方について理解を深めるとともに、教授者の視点を得ることで、学習者としてより深く効果的に学ぶ方法を身につけることを期待した。受講生は、授業デザインの技法、アクティブラーニング手法、動画制作の技能を学び、3〜4名1組のグループになって、①授業デザインシート、②動画教材（約6分）、③対面授業の配布物（スライド、ワ

103

これまでの学習 反転学習

Copyright © FLIT, The University of Tokyo. All Rights Reserved.

Copyright © FLIT, The University of Tokyo. All Rights Reserved.

図1. 「これまでの学習」と「反転学習」
出所：東京大学 FLIT（反転学習社会連携講座）ホームページ（https://fukutake.iii.u-tokyo.ac.jp/archives/flit/about/）

ークシート等の補助教材）を制作し、④対面（模擬）授業（30分）の実施に取り組んだ。

1.2　受講者

　全学自由研究ゼミナール（1・2年生対象）の授業として開講し、2016年度Aセメスターは8名（文科2年生3名、理科2年生5名）、2017年度Sセメスターは6名（文科2年生3名、理科2年生2名、理科大学院聴講生1名）の受講生が参加した。教職志望の学生や、反転学習という効果的に学ぶための教授・学習法に関心のある学生が受講した。

1.3　授業の実施者・協力者・支援者

　この授業は、教育学・教育工学を専門とするアクティブラーニング部門の教員3名が担当した。また、アクティブラーニング手法を取り入れた授業を展開している2名（文系1名、理系1名）の教員[2]が協力者として加わった。協力者は、学生がデザインする反転授業のコンテンツを、短い講義に質疑応答が続くミニレクチャ形式で提供した。文系のテーマは、「『伊勢物語』から『源氏物語』へ（2016年度Aセメスター）」「平安時代の恋文（2017年度Sセメスター）」、理系のテーマは、2016年度、2017年度ともに「化学の視点から分子の性質を考える」であった。本授業の目的は、「知識

伝達型の授業を学生が学習者目線で反転授業形式にデザインすること」に
あるため、協力者の教員には、あえて「知識伝達型」になるようにミニレ
クチャを実施いただいた。

　また、授業支援者として、ティーチング・アシスタント（TA）を毎セメ
スターに1名つけた。理系・文系のテーマを扱う授業のため、アクティブ
ラーニング手法を用いた授業実践に関心のある幅広い専門分野の院生を募
るべく、東京大学のプレFD講座である東京大学フューチャーファカルテ
ィプログラム（FFP）（詳しくは第7章参照）の修了生が登録するアルムナイ
メーリングリストに募集案内を投稿し、応募のあった院生にTAを委嘱し
た。院生TAは、毎回の授業の記録（授業支援の内容や学生の学習活動などに
関する記録を含む）に加え、ミニレクチャの映像収録、学生のグループワー
クへのフィードバックを担当した。授業記録は、教員の振り返りや担当TA
間の情報共有に役立ち、収録したミニレクチャは、受講生が反転授業の
コンテンツを再確認する上で役立った。またグループワークでは、TAの参
加によって、教員とは異なる視点からのフィードバックが可能となった。

1.4　教室・設備

　本授業はKALS/21 Komaba Center for Educational Excellence
West（略称21 KOMCEE West）の201教室（以下、K201）で行った。学
生が反転授業をデザイン・実施することを目的とするこの授業では、「ICT
支援型協調学習教室」であるKALS/K201の教室空間や設備が大いに役立
った。複数の勾玉テーブルを円形に組み合わせたレイアウトは、学生が対
面になって課題に取り組んだり（それによって一体感を醸成したり）、教員
やTAが巡回してフィードバックしたりするのに適していた。グループワ
ークでは、ホワイトボードを頻繁に活用し、学生がグループで話し合った
内容を可視化したり、クラス全体に共有したりするのに役立てた。複数あ
るスクリーンのひとつには授業用スライドをもう一方にはタイマーを投影
し、グループワークを行う際に、教員・学生がタイムマネジメントを意識
しやすい環境を作った。

　これらのほかにも、反転授業の動画制作のために、KALSのPC、カメ
ラ・ヘッドホンを、ミニレクチャの撮影のために、ビデオカメラと三脚を

利用した。教員が用意した反転授業のデモ動画や、学生の動画教材は、サイバー大学[3] の開発する CC Producer という動画編集ソフトを用いて制作した。学生が使い慣れているソフトがある場合には、それを用いることを可能としたが、ほとんどの学生は CC Producer で動画編集を行った。学生が行う対面授業でもこれらの教室環境や設備を活用した教育・学習活動が展開された。

2. 授業の目的・到達目標と構成

2.1 目的

　この授業では、アクティブラーニングを取り入れた教授・学習法のひとつである「反転授業」について学び、知識伝達型の授業を学生が学習者目線で反転授業形式にデザインし、実践することを目的とした。学生が大学の授業をデザインするという授業の試みは、学生の関与と学生の学習や個人的な発達との間の正の相関について論じている学生エンゲージメント (studen engagement) の研究 (Carini, Kuh and Klein 2006, Christenson, Reschly and Wylie 2012, McCormick, Kinzie and Gonyea 2013[4]) に着想を得た。

2.2 到達目標

　2.1 の目的を達成するために、以下の 6 つの到達目標を設定した。

---

① 反転授業とは何かを説明できる
② 視聴者を惹きつける工夫を凝らした動画を制作できる
③ 参加型の学びの場のデザインができる
④ 参加型の学びの場のファシリテーションができる
⑤ 他の受講者と協力して課題に取り組むことができる
⑥ 教授者の視点を理解する

---

　①は初回授業のコメントシートや 2 回目の授業の冒頭での振り返り（概念理解に関する問いかけへの回答）、受講後のアンケートで、受講生の理解

度を確認した。③⑤は、授業デザインシートとグループワークのプロセスで、②④は動画教材と、授業の最後に学生が行う対面授業で評価した。⑥は授業の最終回の振り返りや受講後アンケートで確認した。

2.3 授業の構成

初回の授業では、最初に反転授業とは何かを簡単に説明した上で、シラバスに記載した授業概要（目的・目標、スケジュール、提出物、評価方法など）を確認し、授業を受けることで修得できる知識・スキルや、期待される姿勢や態度などについて説明した。また今後、学習仲間となるほかの受講生を知るために、自己紹介をかねて受講動機を共有するグループワークを行った。授業の後半では、反転授業の教員と学生の双方にとってのメリット・デメリットを考えるグループワークを行い、反転授業の特徴や教育効果について補足した。

第2〜4回では、反転授業制作に必要な知識やスキルとして、反転授業の構成のポイントに加え、授業デザインの技法（ARCS モデル、ガニェの9教授事象、ADDIE モデルなど[5])）や、アクティブラーニング手法（Think Pair Share、ジグソー法など）をケース・スタディなどのワークを交えて学んだ。

続いて、第5〜6回では、反転授業のコンテンツとなる理系・文系のミニレクチャを授業協力者の教員が「知識伝達」形式で実施した。受講生はワークシートに、ミニレクチャの目的・目標、概要、疑問点を個別にメモを取り、その後、グループで内容を共有し、理解が不十分な点をグループ・メンバーや教員（授業協力者）に確認し、コンテンツに関する理解を深めた。

第7〜10回では、受講生は、理系グループ・文系グループにわかれて、

授業回	授業スケジュール
第1回	ガイダンス
第2回	反転授業とは
第3回	反転授業のデザイン方法
第4回	アクティブラーニング手法
第5回	ミニレクチャ（1）理系
第6回	ミニレクチャ（2）文系
第7回	反転授業デザイン（1）
第8回	反転授業デザイン（2）
第9回	コンテンツ制作（1）
第10回	コンテンツ制作（2）
第11回	対面授業（1）文系
第12回	対面授業（2）理系
第13回	振り返り

図2. 授業の構成

これまで学んできた授業デザインやアクティブラーニング手法の知識を活用して、第5〜6回で受講したミニレクチャに関する反転授業を制作した。授業で制作した成果物（授業デザインシート、動画教材、対面授業の配布物）は、ほかのグループと共有し、相互フィードバックを行うことで完成度を高めた。またグループで対面授業を練習する機会も設けた。

　第11〜12回では、受講生は各チームの制作した動画教材を事前に視聴した上で、各チームの対面授業（30分）を受け、他の受講生や教員・TAからフィードバックを受けた。最終回となる第13回では、各自が反転授業制作から学んだことを振り返り、学生主体の授業を展開する上での留意点や難しさについて議論した。

3. 授業設計・実施における工夫

3.1 経験による学習

　授業では、反転授業を制作する上で重要な構成のポイント（目的・目標・手法・内容の一貫性、動画教材と対面授業の構成やつながりなど）については、各回の冒頭で提示したり、繰り返し強調したりして、受講者の意識づけを図った。しかし、授業デザインの技法やアクティブラーニング手法は、講義で知識として学んだだけで、実践力が身につくようなものではない。実際に経験してみたり、繰り返し練習したりすることで、習得されるものである。そこで、この授業では、受講生が授業デザインの技法やアクティブラーニング手法（Think Pair Share、ジグソー法など）を実際に体験して学ぶ機会を毎回設けた。

　受講生としてアクティブラーニング手法を体験しておくことは、授業の目的である学習者目線でアクティブラーニング活動を取り入れた反転授業をデザインする上でも有益であると考えた。授業では、教員が制作した動画教材を事前課題として視聴し、対面授業ではアクティブラーニング活動を通じて、動画で学んだ内容について理解を深める「反転授業形式」の授業を擬似体験する機会も設けた。また反転授業をデザイン・実践するための準備練習として、反転授業をデザインしたり、対面授業で起こり得る課題の解決策を提案するケース・スタディも行った（図3）。

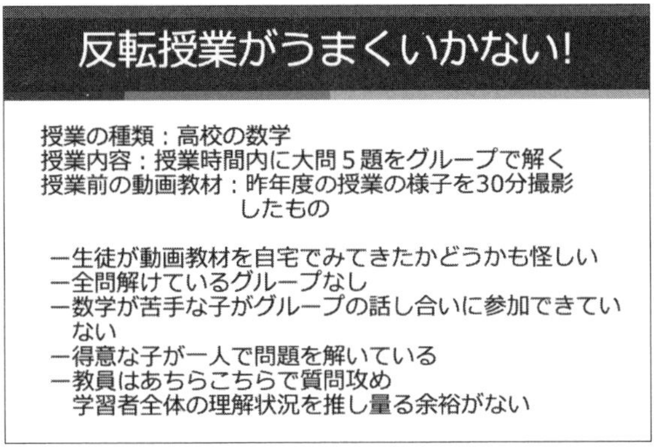

図 3. ケース・スタディの内容

3.2　補助教材の活用

この授業では、学生が活動に取り組みやすくなるように、補助教材としていくつかのワークシートを用意した。具体的には、ミニレクチャの内容理解を目的としたワークシート、反転授業の目的・目標、構成や内容などを記入する授業デザインシート（図 4）、学生が行う対面（模擬）授業にフィードバックする際の観点を示したフィードバックシートを用意した。

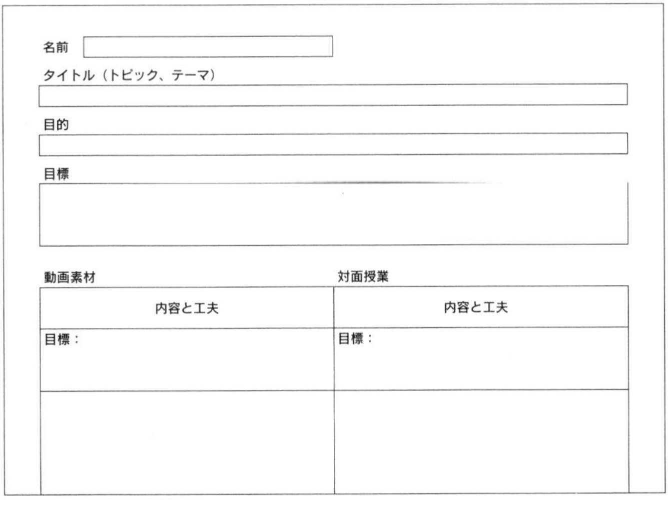
名前

タイトル（トピック、テーマ）

目的

目標

動画素材	対面授業
内容と工夫	内容と工夫
目標：	目標：

図 4. 授業デザインシート（一部）

第8回　反転授業の構成を考える

―理系同士・文系同士で2人1組のチームを作り、作成したクラスデザインシートの内容を共有しましょう（8分）

―理系チーム（2人）と文系チーム（2人）の4人グループになります
―各チームで話し合った内容を、もう1つのチームに発表しましょう。発表を聞いたチームは、発表したチームにフィードバックしましょう（15分）

― 最初のチームに戻り、クラスデザインシートをブラッシュアップしましょう（50分）

図5. 学生同士の教え合い・学び合い

　ワークシートは、学生にどのようなアウトプット（内容や分量など）を期待しているのかを視覚的に短時間で伝えることができるという点で有用である。学生にとっては、書き出すという行為によって思考を整理でき、教員にとっては学生の理解度やつまずきなどに気づくことができるというメリットもある。書き出した内容をその場ですぐに共有できるため、学生同士で共有すれば、教え合い・学び合いの促進にもつながる。

3.3　学生同士の教え合い・学び合い（フィードバック）

　学生同士の相互フィードバックは、教員が教える以上の効果を発揮することがある。この授業においても、成果物（授業デザインシート、動画教材、対面授業で用いるスライドなど）をチームごとに発表（視聴）した後、相互フィードバックを通じて成果物をブラッシュアップする機会を何度か設けた（図5）。

　フィードバックを効果的なものとするために、授業では反転授業制作のポイントを振り返り、フィードバックの観点をあらかじめ確認した上で、相互フィードバックを行った。

3.4　動画編集ソフト

　この授業で用いた動画編集ソフト、CC Producer は、授業コンテンツ

の制作から配信までのプロセスを全てオンライン上で行うことができ、PC、Webカメラ、インターネット接続環境があれば、簡単に映像を制作・配信できるものとなっている。

CC Producerであらかじめ用意しておいたスライドを読み込み、そのスライドを画面に表示しながら（適宜切り替えながら）講義を進める様子を収録すれば、動画教材が完成する。動画教材には、各スライドの切り替え時間と見出しが記録され、受講生が動画の途中から視聴したい場合に、探しやすいようになっている。映像制作の初心者でも使いやすい仕様となっていたため、学生が技術的な面で戸惑ったり、想定外の時間を取られて全体の進捗に遅れが生じたりすることはなかった。

---

4. 授業の振り返りと改善の軌跡

4.1　学生の振り返り

授業後に受講生に行ったアンケートや受講後の学生の発言からは、この授業を受講したことで、反転授業やアクティブラーニングの効果の理解に加え、それを授業で展開する上での留意点や難しさについて理解が深まっていることが示された。

> ・アクティブラーニングを取り入れた授業は、学生の思考や積極的発言を促すことを学んだ
> ・（対面授業の）グループディスカッションの時間では、学生（役の受講生）に助言する必要があったが、教員（役の自分）がどこまで学生（役の受講生）に指導すべきか判断するのが難しかった
> ・（教員中心で）予定調和的に教えるのでもなく、（学生中心で）まったく指導しないのでもない教え方を実践するのが難しかった
> ・対面授業で学生の質問に正しく答えるためにも、1のことを教えるためにはその背景に潜む10のことを知っておく必要がある

図6. 受講生のコメント（1）

総じて、受講生は動画教材制作や反転授業の構成デザインについてはさほど問題を感じなかったようであるが、対面授業の実施に関しては、とりわけ難しさを感じたようである。この点については、協力者として参加した教員からも同じ感想が得られた。

受講生のコメントからは、教授者の視点の理解やアクティブラーニングの経験が、授業外での学習姿勢にも影響を与えている様子も窺われ、学習の転移がなされていることも確認された。

・教員の意図や期待により意識的になり、自身の学習態度が変わった
・受講している他の授業でも、より意見を述べるようになり、教員から授業改善のアイディアを聞かれるようになった

図7. 受講生のコメント (2)

以上のコメントをみるかぎり、受講することによって期待された「反転授業とは何かを説明できる」「教授者の視点を理解する」という目標はある程度達成されたと言える。

4.2 改善の軌跡

2016年度の授業では、受講生の感想にも見られるように、対面授業の実施の難易度の高さが指摘された。アクティブラーニングを取り入れた対面授業をうまくファシリテートするためには、教員（役となる学生）がテーマに関する深い知識をもっていることが大前提となるが、全受講者がミニレクチャで扱うテーマについて、こうした知識を有しているわけではなかった。とりわけ、理系の学生については、自分自身がまだ学んでいない領域をカバーしなくてはならない場面も見受けられた。そこで、2017年度の授業では、理系のミニレクチャに関しては、高校レベルで学ぶ内容を基礎知識としつつ、それをふまえた応用知識にも触れて、難易度を調整することで改善を加えた。また文系のミニレクチャに関しては、学生の関心により考慮したテーマに変更した。これらの改善の結果、反転授業の構成の仕方や対面授業の実施法の検討に学生をより注力させることができた。

また、2016年度の授業では、受講生が反転授業を体験的に学ぶために、『反転授業の実施方法』をテーマとした動画教材を教員が制作して、反転授業を実施した。しかし、受講生が作成する動画に近い形式の動画を視聴することが、より反転授業の理解につながると考え、2017年度では、授業者の専門に関する動画教材[6]を追加で制作する改善を行った。この動画を用いた反転授業を最初に擬似体験することで、受講生は自らが取り組

む課題に対するイメージを確認することができた。

5. 今後の展開の可能性

　この授業では、よりリアルな大学の授業づくりが体験できるように、実際に教員が行っている大学の授業を反転授業のコンテンツとした。このことは、受講者の大学の授業設計に対する理解を深め、学ぶ姿勢を変化させる効果をもたらした。一方で、大学の授業という限定された場での反転授業の活用を想定したことが、受講者層を限定した可能性がある。また先に触れたように、必ずしも十分な背景知識を持っているわけではないテーマについて授業を実践することが、受講生にとって負担となってしまった側面もあった。学生の自由な発想を生かし、反転授業という教授・学習法の多様な活用法について理解を深めることを授業のねらいとする場合には、ワークショップや研修などの大学教育に限定しない学びの場を想定したり、教える内容の裁量権を学生に与えたりする方法も取りえよう。このことは、学生のモチベーション向上にもつながりうる。

　授業デザインの技法、アクティブラーニング手法、動画制作技能の習得を学習到達目標とするこの授業の枠組みは、完成形ではないものの、大学の授業を支援する TA の育成や学生主体の FD 活動[7] などにも活用できる内容となっている。こうしたスキルに関する知識と経験を有する学生は、教員のよきパートナーとして、質の高い授業づくりに貢献することが期待される。とりわけ、2020 年の新型コロナウィルスの感染拡大によって、オンライン学習を取り入れた教育の工夫が求められる中、反転授業のような動画教材を活用した授業づくりを支援できる学生育成プログラムの意義は増していくように思われる。

　新型コロナウィルスの感染拡大によって、大学教育の標準的な形態であった対面授業はオンライン化を余儀なくされ、Zoom や Teams などのオンライン会議システムが飛躍的に普及した。本章で紹介した反転授業は、こうした時勢にかなう授業形態でもある。オンライン授業では、物理的空間を共有する対面授業と比べると、教員―学生間や学生同士のコミュニケーションが取りづらく、学習共同体を構築することは難しいと考えられが

ちである。しかし、反転授業の形式を取り入れ、一方向となりがちな講義の部分を事前に動画教材で学ばせ、リアルタイムのオンライン授業を双方向の対話形式にすれば、教員・学生同士が相互に理解を深め、信頼関係を構築することは十分に可能である。Zoom や Teams などのオンライン会議システムは、大学ではおもに授業のリアルタイム配信ツールとして普及したが、これらのシステムの録画機能は、反転授業用の動画教材制作にも役立つ。コロナによって生じた大学教育を取り巻く状況の変化は、従来の教え方を見直し、より効果的な学びのあり方を模索する好機になるともいえよう。

（注）

1) 重田勝介（2013）反転授業 ICT による教育改革の進展、情報管理、56(10)：677-684。

2) 東京大学大学院総合文化研究科の平岡秀一教授（第4章担当、専門は、分子自己集合）と田村隆准教授（第1章担当、専門は、日本古典文学）にご協力いただいた。

3) 授業開講当時、本学の大学総合教育研究センターと e ラーニングに関する共同研究を実施していた。

4) Carini, R. M., Kuh, G. D., and Klein, S. P. (2006). "Student engagement and student learning: Testing the linkages", *Research in higher education*, 47(1), 1-32. Christenson, S. L., Reschly, A. L., and Wylie, C. (Eds.) (2012). *Handbook of research on student engagement*. Springer Science & Business Media. McCormick, A. C., Kinzie, J., and Gonyea, R. M. (2013). "Student engagement: bridging research and practice to improve the quality of undergraduate education", *Higher education: handbook of theory and research*, 28: 47-92.

5) ARCS モデルとは、アメリカの教育心理学者のケラーが1983年に提唱した学習者の動機づけを高める方法を示すモデルで、注意喚起（Attention）、関連性（Relevance）、自信（Confidence）、満足感（Satisfaction）の4要素の頭文字をとってつけられた名称である。ガニェの9教授事象とは、効果的な授業・教材を作るために、教授者が学習者に行うべき働きかけを9種類に分類して示したモデルである。ADDIE モデルとは、分析（Analysis）、デザイン（Design）、開発（Development）、実施（Implement）、評価（Evaluation）という授業設計の工程を示すモデルで、各工程の頭文字を取ってつけられた名称である。

6) 担当教員の専門に関する「諸外国と日本のアファーマティブアクション（積極的差別是正措置）」に関する動画教材を制作した。

7) 沖裕貴（2013）「学生参画型 FD（学生 FD 活動）」の概念整理について—「学生 FD スタッフ」を正しく理解するために—、中部大学教育研究、13：9-19。

第9章

SDGsを学べる授業をつくろう
——学生による授業づくりの事例

中村長史・小原優貴・伊勢坊綾

1. 授業の背景情報

1.1 概要

　本授業は、持続可能な開発目標（SDGs）について高校生が効果的に学べる授業を設計してみることで、SDGsについての自分自身の学びを深めることを目指すものである。受講者は、SDGsや授業設計の基本を学んだ後、高校生対象の50分間の授業をグループで設計する。他者に教えることで、本人にとっても身につく学びとなることを期待した。

　国際政治学を専門とする中村長史、比較教育学・南アジア地域研究を専門とする小原優貴、組織行動論・人的資源管理論・ジェンダーを専門とする伊勢坊綾の3名の教員で共同実施した。3名は、アクティブラーニングに関する研修も担当している。従来のオムニバス講義と異なり、専門を異にする3教員がすべての回に参加し、異なる観点からSDGsや授業設計について解説したり、学生の授業案にフィードバックを行ったりした。

1.2 受講者

　2020年度Sセメスターに全学自由研究ゼミナール（1・2年生対象）と高度教養特殊演習（3・4年生・院生対象）の合併授業として開講し、27名

115

（2 年生 15 名、3 年生 4 名、4 年生 6 名、修士 1 年生 2 名）が受講した。

　このように学年や専攻を横断して受講者が集まる選択授業ゆえ、受講者のモチベーションは総じて高いが、既有知識に差が出やすい点に教員が配慮する必要がある。受講者同士の教え合い・学び合いが生まれるような環境づくりを意識することが教員には求められる。

1.3　授業支援者

　SDGs に関わる開発や教育を専門とし、授業支援経験の豊富な博士課程の大学院生にティーチング・アシスタント（TA）としての支援業務を依頼した。TA は、グループワーク時に教員と手分けして巡回し、随時フィードバックを行った。

1.4　教室

　駒場アクティブラーニングスタジオ（KALS）で開講予定であったが、COVID-19 の影響で Zoom を用いたオンライン授業となった。

2.　授業の目的・到達目標と構成

2.1　目的

　「SDGs について高校生が効果的に学べる授業を設計してみることで、SDGs についての自分自身の学びを深める」ことを本授業の目的とした。SDGs は、ミレニアム開発目標（MDGs）の後継として 2015 年の国連総会で採択され、17 の目標が定められている。MDGs が途上国の貧困削減や社会開発に焦点を当てていたのに対し、SDGs は世界中の国々の経済・社会・環境といったより広い問題を扱うものである。その広さゆえ総花的であるという批判もある一方、多くのアクターを巻き込めるという利点も指摘されている。

　このような SDGs の意義と課題の両面について高校生が効果的に学べる授業を設計してみることで、SDGs についての自分自身の学びを深めることを目指す。なお、受講者には、高校生 40 名（KALS の定員）を対象に KALS で授業をすることを念頭に置いて設計することを求めた。

2.2　到達目標

　具体的には下記の5つの到達目標を設けた。いずれの目標についても、学期末に提出された授業案や授業後のコメントシートで到達度を評価した。前者はグループ、後者は個人で作成するものである。目的や到達目標についてはシラバスに加えて授業冒頭で毎回示し、目的や到達目標を意識することの重要性を受講者に繰り返し伝えた。

---

① SDGsが作成された背景について説明することができる

② SDGsの意義について説明することができる

③ SDGsの課題について説明することができる

④ SDGsの17の目標について説明することができる

⑤ SDGsについて学習者の学びを深めるような50分間の授業を設計することができる

2.3　授業の構成

　全13回（1回は105分）を「SDGsを学ぶ」と「SDGsを教える」の大きく二つに分け、二部構成とした（図1参照）。なお、第1回・第2回の授業では、急遽オンライン授業となったため、オンライン授業を進めていくうえで必要となる機材操作を練習した。

　第3回から第6回では、SDGs自体についての知識習得を目指した。まず、第3回でSDGsが作成された背景や意義、課題等の総論を学んだ。その後、第4回では目標1（貧困をなくそう）、目標10（人や国の不平等をなくそう）、第5回では目標4（質の高い教育をみんなに）、第6回では目標5（ジェンダー平等を実現しよう）、目標8（働きがいも経済成長も）といったように、個別の目標について学習した。いずれの回でも、各課題の現状（例：貧困の定義、貧困率）や原因（例：貧困が生じる国際要因・国内要因）、対策（例：開発援助の功罪）について、国際機関のデータや政治学・教育学・経営学等の理論に基づいてグループディスカッションをした。

　第7回以降は、第2部の「SDGsを教える」段階に入った。まず、第7回で授業設計の方法について学んだ。ADDIEモデルやガニェの9教授事象といった教育工学の理論に基づき、目的や到達目標を明確に定めること、

```
┌─────────────────────────────────┐  ┌─────────────────────────────────┐
│ 【第1部：SDGs を学ぶ】          │  │ 【第2部：SDGs を教える】        │
│ 第1回：オンライン授業練習       │  │ 第7回：授業設計概説             │
│ 第2回：オンライン授業練習       │  │ 第8回：授業設計演習①           │
│ 第3回：SDGs 概説（総論）        │  │ 第9回：授業設計演習②           │
│ 第4回：SDGs 概説（目標1, 2, 10）│  │ 第10回：中間発表                │
│ 第5回：SDGs 概説（目標4）       │  │ 第11回：授業設計演習③          │
│ 第6回：SDGs 概説（目標5, 8）    │  │ 第12回：授業設計演習④          │
│                                 │  │ 第13回：最終発表                │
└─────────────────────────────────┘  └─────────────────────────────────┘
```

図1. 授業の構成

アクティブラーニングを促すような授業構成とすること、目的・到達目標に合致した教授手法を選ぶこと等の重要性を確認した。

　第8回以降は、グループごとの具体的な授業設計に入り、教員や TA が巡回して随時フィードバックを行った。受講者は、17の目標を包括的に扱う2グループ、目標5（ジェンダー平等を実現しよう）を扱う4グループ、目標4（質の高い教育をみんなに）を扱うグループ、目標7（エネルギーをみんなに、そしてクリーンに）を扱うグループ、目標8（働きがいも経済成長も）を扱うグループ、目標11（住み続けられるまちづくりを）を扱うグループの計10グループに分かれた。

　第10回に中間発表の機会を設け、この時点までに、50分間の授業案（第7章の大学教育開発論で開発・利用されている「クラスデザインシート」に記入）をつくることを目指した。第11回と第12回では、中間発表時の教員・TA や受講者同士のフィードバックを踏まえ、目的・到達目標や構成、教授手法の見直し・改善を図った。そして、第13回では、改善された授業案に加え、授業を実施する場合のスライドや配布資料も準備して最終発表を行った。

3. 授業設計・実施における工夫・改善

3.1 授業設計への特化

　目的・到達目標の明確化が重要であることを授業設計に取り組む受講者に繰り返し伝えたが、これは、もちろん本授業自体にも当てはまる。当初は授業内で受講者に授業案を実施（模擬授業）してもらうことも考えてい

・独学で学習をする場合は自分がいかにして理解するかに注力するが、授業設計をする場合は自分ではなく相手がいかに理解できるかに注力した。他者の視点に立つことによって、自分の視点では見えてこなかった分野にまで興味・関心が向いた他、相手にわかりやすく伝えるために自分の理解を深めることにもつながった。

・他者に伝えることを前提とするため、個人で調べていたら、情報を集めるだけ集めて省みないこともある中で、得た情報に対してより吟味、その情報の意味や位置付けについてより深く考えることにつながった。また、伝えたい内容の中で、何が本質なのかを探ることができた。

・高校生にわかりやすく説明するには図表やデータなど明確なエビデンスを示す必要があります。例えば、勝手に「地方と都市では教育格差がある」とイメージしていたのが、大学進学率で測ると決してそうでないことを、図の作成時に知りました。迂闊なことは言えないからしっかり裏を取ろうと思え、より学びを深められたように思います。

・授業を設計するために新しく学ぶというよりは、自分がもともと知っていることを伝えるという感じだった。自分があまり詳しくない分野を選択すればよかったかもしれない。

図2. 受講者の感想（抜粋）

たが、受講者数や授業回数、受講者の負担の適度さ等を考慮すると難しい。

　ここで、SDGs についての学びを深めることが最大の目的（本授業の存在意義）であるという原点に立ち返り、受講者には授業設計に集中して取り組んでもらうこととした。もちろん、授業においては、設計のみならず実施段階も重要であり、デリバリー・スキルを習得することも重要である。しかし、限られた授業時間のなかであれもこれもと含めることは、かえって学習効果を損ないかねないため、受講者が SDGs についての学びを深めることに直結する授業案づくりに特化することとした。

　受講者の感想（図2）をみるかぎり、教えることで本人にとっても身につく学びとなるという教員側の狙いは一定程度達成されたと考えている。一方、受講者が受講前からよく知っているテーマを選んだ場合には新たな学びには結び付きにくいとの声もあった。今後は、受講者が授業設定テーマを選ぶ際に、そうした可能性があることもあらかじめ伝えておく必要があると考えている（もちろん、よく知っているテーマであれ、教えることで新たな気づきを得ることもなお可能であると思われる）。

3.2　授業実施の機会

　先述の理由により授業中は授業設計までに限定したため、授業終了後に

119

実演の機会を設けることとした。最終発表で特に優秀な授業案を披露した
グループは、高校生を対象としたワークショップ「東大生がつくる
SDGsの授業」で実際に授業を実施する機会を得られることとした。こ
れにより、受講者の授業設計へのモチベーションが高まることも期待した。

　結果的に、10グループともに随所に工夫がほどこされた授業案を示し
てくれた。なかには、力が入り過ぎて、50分間という授業時間に比して
内容を詰め込みすぎていたり、アクティブラーニングの手法と目的が合致
していなかったりするものもあったが、受講者の感想をみるかぎり、そう
した「失敗」からも学ぶことができていたように思われる。また、ふだん
は受講者の立場として臨んでいる授業がつくられるまでの舞台裏を知った
ことで授業設計そのものに関心を持つようになった学生が多くいたようで
あり、本授業本来の目的からすれば副次的なものであるが喜ばしいことで
ある。

　優秀な授業案として選ばれたのは、17の目標を包括的に扱う2グループ、
目標5（ジェンダー平等を実現しよう）を扱うグループ、目標7（エネルギー
をみんなに、そしてクリーンに）を扱うグループの4つであった。包括的に
扱うグループの一つは、「SDGsを自分ごととする」ことを目的とする授
業を設計した。SDGsに関して日常的に取り組める事例のメリット・デ
メリットを紹介しつつ、参加者自身に今後取り組めそうなことをグループ
で意見交換してもらうものであった。

　包括的に扱うグループのいま一つは、「SDGsの17の目標が相互に関
連していると理解する」ことを目的とする授業を設計した。貧困削減等の
「成功例」と「失敗例」を比較するグループワークを通して、1つの目標
の達成のみを考えていては全体としては必ずしも成果があがらないことを
学ぶものであった。

　ジェンダーを扱うグループが設計した授業は、「潜在的なジェンダー差
別に気づき、行動を起こせるようになる」ことを目的とするものであった。
ジェンダー差別として思いつくものを可能な限りグループで挙げたうえで、
そうした差別が起こる原因についてロジックツリーを作りながら検討する
ことで、目的達成が目指された。

　エネルギーを扱うグループが設計した授業は、「日本の再生可能エネル

120

ギーの意義と課題を知り、自分なりの解決策を考えられるようになる」ことを目的とするものであった。太陽光発電を事例として、その意義と課題について講義で学んだ後、グループワークで解決策を考えるという構成であった。

　選ばれた4グループは、授業案やスライド、配布資料のさらなる改善を図ると同時に、教員とともに授業外の時間にデリバリー・スキルの練習を重ねた。そして、ワークショップ当日に、高校生を前に設計していた授業を実演した。内容・方法ともに多様な4つの授業を提供できたことは、SDGsの多面性を高校生に伝える上でも有意義であったように思われる。

3.3　受講者同士の学びあい

　学部生から大学院生までの専門を異にする受講者が集う授業のため、既有知識に差が生まれやすい。そこで、第1部の「SDGsを学ぶ」の段階では、基本的な知識を補える文献と発展的な内容を学べる文献の双方を、学習管理システム（ITC-LMS）を通じて授業後に紹介した。

　第2部の「SDGsを教える」の段階では、先述のとおり、27名の受講者を10のグループに分けた。授業で扱うテーマについての受講者の希望を聞きつつ、なるべく上級生と下級生の双方が含まれるようにグループを決め、受講者同士の学びあいが生まれることを期待した。

3.4　改善点のメタ的把握

　10グループの扱う授業テーマは様々であるが、高校生40名を対象にKALSで授業をするという設定を共有している以上、他グループの取り組みから学べる点が少なくないはずである。例えば、授業冒頭でテーマに関するニュースを紹介して受講者の関心を喚起する手法などは、たとえテーマが異なっていても、その手法自体を採り入れることができる。また、テーマが異なっていても授業設計で悩む点が重なることも十分考えられる。他グループのよい点や改善の余地がある点を抽象化し、メタ的に捉えて、自グループの改善に活かすことができるのである。そこで、授業設計演習（第8・9・11・12回）の終わりに、3・4グループごとに授業案を見せ合い、グループ間での学びあいが起こることを期待した。

しかし、何に取り組めばよいのかをつかめずグループワークの時間を有効に活用できていないグループがあることが巡回中に発覚した。テーマが異なる他グループの授業内容をメタ的に把握し、自らのグループの改善に活かすことはたしかに容易ではなく、教員の丁寧な説明が必要とされるところであった。そこで、次の授業の際に、メタ的に把握することの重要性と具体的な方法を改めて時間を割いて説明した。

4. オンライン授業での工夫

4.1 アイスブレイク

初回の授業では受講者はいつも緊張しているものであるが、オンライン授業に不慣れな受講者が多いなかで緊張感がさらに増すことが予想された。また、教員の側も受講者がどのような知識を既に持っているのかを確かめる方法に頭を悩ましていた。教室では、受講者の仕草や反応から、雰囲気を察して難易度を調整することができるが、オンラインでは、この「察する」というのが非常に難しくなる。だからといって、そのまま進めてしまうと、受講者にとっては難しすぎたり易しすぎたりしたまま授業の回が重ねられることになってしまいかねない。

オンラインでも受講者同士が学びあうような学習空間をつくるには、まず、どのような人が授業に参加しているのかを受講者が知る必要があるため、初回の授業で自己紹介の時間を設けた。自己紹介は人数が多いと、後半になるにつれ、だれてしまいがちのため、ペアや少人数のグループで行うこととした。自己紹介の際には、教員の方から①項目（例：名前、所属、受講動機）をある程度指定し、②ペアやグループのなかの誰から話し始めるか（例：誕生月の早い順）を決めてあげることで、受講者がかえって緊張することなく安心して取り組むことができるように意識した。また、自分の話を他者が傾聴してくれているという安心感（他者の話を傾聴しなければならないというある種の義務感）を受講者が持てるように、ペアでの自己紹介の後に「他己紹介」を設けた。具体的には、Zoom のブレークアウトセッション機能を用い、①ペアで自己紹介をし合ってもらった後に、②そのペアを含む形で4人組をつくり、自己紹介と他己紹介を行った。教

員・TA が Zoom のホストや共同ホストとなりブレークアウトセッションを自由に行き来することで、教室での巡回と同じように受講者を見守った。

　また、Zoom のブレークアウトセッション機能を用いて、グループでブレインストーミングをしてもらい、出てきたアイデアの数を競ってもらった。ゲーム性があるため、盛り上がりやすいと考えたためである。とはいえ、いきなりグループで取り組むとなると受講者の心理的なハードルがかえって高くなってしまうため、まず 1 人で考える時間を与えたうえで、グループワークに移行した。「SDGs について知っていること」という授業の内容と密接に関係する事項でブレインストーミングをしてもらったことで、同時に受講者の既有知識を確認することもできた。

4.2　発言のしやすい環境づくり

　本授業は対面授業で行ったことがないため厳密な比較はできないものの、他授業の経験から、対面授業のときよりも発言する学生が偏りがちであることが、学期途中に気になり始めた。

　まず、発言する学生の偏りという現象の何が、その授業において問題なのかを、授業担当教員間で改めて検討した。あまり発言をしなくても、頭の中では授業内容について深く考えている学生もいるかもしれない。それぞれの授業の目的・到達目標、ひいては当該授業を通してどのような学生に育ってほしいかという教育理念に照らして改めて考える必要がある。

　積極的に発言をする学生については、誤った理解をしている場合も含めて、教員が学生側の理解度を把握しやすく助かることが多い。学生の発言を踏まえて、授業中に誤解を正すための補足説明をしたり、より高度な内容について説明したりすることができる。一方、発言の少ない学生については、たとえ頭の中では深く考えているにしても、教員側としては理解できているのかが気になる。オンライン授業では学生の雰囲気を察することが難しいので、この点が対面授業のとき以上に気になるのは、ごく自然なことといえる。このように「学生全体の理解度の確認がしにくいこと」が問題点なのだとすれば、確認クイズなどのオンライン上でもできる理解度調査をすることで十分対応できる。

一方、本授業のように学生から多様な意見が出ることが意味を持つ授業設計がなされている際には、「発言が少ないこと」それ自体が問題点になり得る。意見の分かれやすいテーマを扱い、様々な立場があることについて授業を通して実感してほしいといった目的・到達目標がある場合には、「発言者の偏り」が「特定の意見への偏り」につながってしまいかねない。ここでは、できるだけ多くの学生の発言を促す仕掛けが求められる。

　そこで、シンク・ペア・シェア（Think pair share）を意識的に多用した。教員からの問いかけについて、まず学生に一人で考えてもらい、その後ペアや少人数のグループで話し合ってもらった後に、全体で意見を共有するという方法である。Zoom では、ブレークアウトセッションを活用することで可能になる。いきなり全体の場で意見を求めるのではなく、考える時間や少人数で話し合う時間を設けることで、学生が発言しやすくなることが期待できる。教員や TA がブレークアウトセッションを巡回し、「こんな意見がありましたが…」といった形で全体の場で紹介することもできる。このように、工夫次第ではオンラインでも多様な意見を学生から集めることが可能であるように思われる。

II　アクティブラーニング型授業を支える取り組み

第10章

座談会　TAによる授業支援

1. 司会　伊勢坊綾
   座談会参加者　宮川慎司・田中李歩・九島佳織・須藤玲
2. 司会　小原優貴
   座談会参加者　ジエーゴ・タヴァレス・ヴァスケス
   〔Diego Tavares Vasques〕・中村長史

---

1. 座談会：TAが語る授業支援の具体例

　アクティブラーニング部門では、駒場アクティブラーニングスタジオ（KALS）の管理運用とともに、特にICTを活用した授業支援のためのティーチング・アシスタント（TA）の育成を行っています。今回は、2020年度SセメスターのKALS TAである4名に集まっていただき、KALSでの授業支援、2020年Sセメスターにおけるオンライン授業での支援、授業改善提案、授業支援以外の活動等について、座談会形式で語ってもらいました。

■　**KALS TAになった経緯**

伊勢坊　お名前を、それからKALS TAになった経緯、動機について教えてください。

宮川　総合文化研究科博士課程の宮川慎司です。KALS TAになったのは、中村長史先生（当時は大学院生でKALS TA）のご紹介です。修士1年の時でしたのでもう7年ほど経つかと思います。アクティブラーニングという概念自体が真新しく単純に興味を持ち、将来は大学の先生になることを希望しているため、TAに応募しました。

田中　総合文化研究科博士課程の田中李歩です。KALS の TA は 2 年目で、宮川さんの紹介です。私は研究内容が教育に関わっており、高等教育にも関心があるので、どのように教育を行うかという教授・学習法にも目が向けられたらと思い、応募しました。

九島　総合文化研究科博士課程の九島佳織です。TA になった経緯は中村長史先生経由です。私にとって中村先生は大学院の先輩に当たるのですが、将来の話をご相談させていただいていたことがあります。私は、研究者と同時に教育者になることを希望しているのですが、教育者としてどのようなフォローができるのかを今から体験しておくのもよいのではないかとご助言をいただいて、TA に応募しました。

須藤　教育学研究科の博士 1 年の須藤玲です。指導教員から、自身と同じ専門領域である比較教育学の研究をされている小原優貴先生が TA を探されていると聞き、専門分野に関する研究や教育について学べることがあるのではと考え、TA に応募しました。学生の意見や考え方から自分自身が刺激を受けることもあるかなという期待もありました。

伊勢坊　ありがとうございます。将来を見据えて教育現場、大学の授業の中身を実際に見てみたいといったご希望で応募されているということですね。

■　KALS TA としての授業支援

伊勢坊　アクティブラーニング部門は、主として KALS 等の教室で行われるアクティブラーニング型の授業を支援するために KALS TA を委嘱してきました。特に ICT を活用したアクティブラーニングを展開しやすい教室（ICT 支援型協調学習教室）ですので、そのための環境作りにも TA に貢献してもらっています。まずは、メインの業務である授業支援についてお伺いします。オンライン授業になる前は KALS で授業支援に従事していただいていました。その際、具体的にどのような授業支援に従事されてきたのか、お話いただけますか？

田中　授業前、授業担当の先生に、どのような活動を学生に行わせたいか、どのようなアクティブラーニング手法の導入を考えていて、何人組を作りたいのかなどをヒアリングします。その要望に沿って、今日は何人グループだからテーブルはいくつで椅子はいくつというようにレイアウトの変更を行います。また、授業中に学生がホワイトボードを使う際の手伝いもあります。KALSにはホワイトボードだけでも3サイズあるので、ポスターセッションなら中程度のサイズ、テーブルでのグループワークなら小さいサイズ、のように、目的に応じてサイズも変わります。授業が終わったら、次回の授業の予定を伺い、TAとしてどのような支援が出来るかを考えて、次回の授業に備えます。

宮川　機器の接続も授業支援の一つです。KALSはICT支援型協調学習教室であるため、パソコン、書画カメラ、ビデオなどの機器も充実しており、機材の配線がとても複雑です。例えば、パソコンの画面も教室の四方の壁にプロジェクターで投影できますし、パソコンを2台使ってその4つの画面に映し分けることもできます。また、先生が教卓で説明する時は先生のスライドを全てのプロジェクターに投影し、グループワークが始まったら、教卓前と教室後方のプロジェクターは先生のスライド、左右はiPadに接続したタイマー画面を投影する等、さまざまな活用方法があります。音響に関しても、マイクはもちろん、PCでYouTubeに繋いで音を出す、CDを流す等、です。KALSをお使いになる先生にとって機材接続や配線は複雑になりますので、スムースに授業運営できるよう、それらに関して支援しています。また、小さなことですが、教室の下には電気系統の配線が通っているので、雨の日に傘を教室の中に持ってこないようにと学生にアナウンスしたり、蓋のついていない飲み物は持ち込まないでくださいと伝えることもあります。床下に水が入ると配線が駄目になってしまうのです。特に外国語の先生で、英語の方がコミュニケーションが容易な先生の場合のサポートは結構大きな役割を担っているように感じます（コラム①）。

伊勢坊　KALSは、ALESS/ALESA（第5章参照）などの外国語教員によ

る英語での授業でも多く利用されていて、多文化・多言語の学習環境にも対応できる人材は TA として重宝されます。授業担当の先生とも積極的にコミュニケーションを図りながら、授業前後のヒアリングも欠かさず行ってくださり、ありがとうございます。10 分しかない休み時間に TA の皆さんが事前のセッティングやレイアウト変更を速やかに行ってくださるので、とても助かっています。アクティブラーニング型授業を実践するための仕組みや場を作ることのお手伝いを基本的にはやっていただいていると思います。

コラム①：授業支援における TA と教員のコミュニケーション

　KALS で行われる授業には、個人用 PC やビデオカメラなどの機材準備、机や椅子のレイアウト変更、教室の映像・音響機材の設定など、アクティブラーニングならではの準備が必要となる。TA がこうした支援を行う上で特に重要となるのが、担当教員とコミュニケーションを取ることである。KALS は外国語教員の利用も多く、外国語で行われる授業の場合は英語を用いて支援することも多い。毎回の授業前は、当日の授業上で必要と思われる支援について尋ね、授業後には、次週の授業の予定や準備について尋ね、機材や机の配置変更などを確認する。KALS でアクティブラーニング形式の授業を行う先生方の多くは分単位で授業設計をされているため、TA が授業の予定を把握して支援を行うことは、スムースな授業運営に不可欠である。アクティブラーニング型の授業においては、教員、学生に加えて TA も能動的に動くことが重要となる。(宮川慎司)

■　オンライン授業における授業支援

伊勢坊　2020 年のオンライン授業になってからのことをお伺いします。私たち部門教員もオンライン授業の経験がなく、オンライン授業支援を TA の皆さんに行っていただくことも初めてでした。皆さんにはそれぞれ試行錯誤していただき、改善のための授業支援記録フォームを授業毎に書いていただきましたね。オンライン授業をどのように支援したかについて、教えてください。

田中　　オンラインでのグループワークは、教室でのグループワークとは支援が違うと感じました。学生それぞれも面識がないことが多いため、ディスカッションが活発になるためには工夫が必要だと考えました。話し合い自体が盛り上がっていないグループには声を掛け、問いかけるなどの直接的な支援も心掛けました。また、授業中のトラブルや改善点について記録をつけ、授業後に先生方と打合せをしました。

宮川　　幾つかのグループに分かれたときのグループ間の橋渡し、連絡係のような役割がありました。先生から「他のグループの様子を見てきてください」と指示を頂き、他のグループの進捗状況を把握し、先生のいるグループに戻ってきて「あのグループは終わりそうです」などと状況をお伝えすることもありました。オンライン授業でのグループワークは、グループに分かれた後、それぞれの状況を把握できないというところが大変だということがよくわかりました。各グループが何をしているのか先生に情報をお伝えし、授業運営が円滑に進むことを心がけました。

九島　　グループ分けの設定や、そのグループで何を話しているのか、巡回して把握するのが主な仕事でした。私が担当していた模擬国連の授業（第3章）では、学生がグループ間を自由に移動して議論や交渉をする場面があるので、先生と手分けして巡回する必要が特にあったと思います。授業の最後に、学生の議論へのフィードバックをTAとして毎回求められていたので、しっかりと把握したうえで行うことを心掛けていました。

須藤　　皆さんと同じように、先生と手分けしてグループを巡回し、学生の状況を確認するほか、学生のグループ・ディスカッションのファシリテーションをしました。先生が受講者とレポートに関する個別面談をする回があり、その時は、学生のルーム移動の誘導や、面談時間のタイムマネジメントなど、操作面での支援を行いました。（オンライン授業における個別面談の詳細についてはコラム②（p.132）を参照）。

伊勢坊　オンライン授業となった2020年Sセメスターは、TAが授業支

援をどのように行うことが望ましいのかを部門スタッフも検討していました。学生も初めてで慣れていなかったり、インターネット接続が切断されたり、隣のグループの状況が分からず戸惑う場面があったりと、大変だったかと思いますが、滞りなく授業を終えることができ、感謝しています。

コラム②：TA の授業支援によって実現されるオンライン授業のあり方

　私が TA として担当したオンライン授業では、教員が各学生のレポートの進捗状況を把握しアドバイスを行うため、事前に学生が行った中間発表の内容をふまえた個別面談が行われた。面談時間は一人 5 分で、オンライン会議システム（Zoom）のメインセッションルームで実施された。面談のない時間は、学生はオンライン上で複数のグループに分かれ、中間発表の振り返りや次週の課題に関するグループワークに取り組んだ。

　TA は、学生のグループ分けの操作と、面談時間のタイムマネジメント、次の学生の面談のためのメインセッションルームへの誘導、といった円滑な個別面談の実施のための後方支援に徹した。その結果、教員は一人ひとりの学生との面談に集中することができ、学生は、個別面談とグループワークに取り組むことができた。限られた時間ではあったが、オンライン上では実現しにくい教員と学生の 1 対 1 のコミュニケーションの時間を確保し、学生のモチベーションの向上や、講義内の雰囲気づくりに貢献できたことは良かった。（須藤玲）

■　TA としての支援の在り方

伊勢坊　TA という立場から授業を支援していく中で、どのような支援をすべきだと感じられたか、お伺いさせてください。

須藤　先ほど宮川さんも仰ったのですが、オンライン授業では、物理的空間を共有しないので、ちょっとしたコミュニケーションがとりづらく、対面授業の時にはなかった工夫が必要でした。対面授業でグループワークを行う場合、学生に指示出しして移動してもらえればグループができますが、オンライン上では、システム上での操作が

必要となり、技術的な一手間が必要でした。また対面授業であれば、教室のスクリーンにタイマーを映し出したり、全体に聞こえるように残り時間を伝えたり、全体を目視で確認したりして、タイムマネジメントをすることができますが、オンライン授業では、学生がグループに分かれると、教員のいるメインルームや他のグループから隔離されてしまうため、全体として進捗を管理することが難しかったように思います。そうした時に、教員のもう一つの目になって、各グループの進捗に目配りしたり、操作面でサポートに回ったりすることが、ＴＡの役割として重要なのかなと感じました。小原先生の授業では、受講生１人１人とレポートに関する個別面談を行う回があり、技術的な後方支援をしました。少し複雑な操作が必要で、小原先生からは、「ＴＡのサポートなしでは実現できなかった」と仰っていただきました。オンライン授業では、教員も学生もお互いの距離感を掴みづらいのですが、個別面談では、学生も質問や相談をしやすかったと思います。ＴＡとしてこうした取り組みをサポートできたのは嬉しかったです。

伊勢坊　ありがとうございます。では、九島さんにお伺いします。中村先生からは、ＴＡの九島さんから、学生が宿題のPolicy Paper（第3章参照）を作成する際に、根拠として引用を示してもらうようにしてはどうかとの提案があり、非常に有益だったので早速取り入れたと伺い、素晴らしい授業改善提案だと思いました。その話を聞かせてください。

九島　模擬国連では時間がない中Policy Paperを作り、適宜、改定も必要です。その際、引用がないと確認も遅くなりますし、アカデミックな作法として引用を明示することは、模擬国連の授業に限らず必要だと感じましたので、中村先生にご提案しました。その提案をすぐに受け入れて下さり、結果としてPolicy Paperの質向上にもつながったと伺い、嬉しかったです（コラム③（p.134）参照）。

伊勢坊　なるほど。素晴らしいですね。ＴＡからの授業改善提案は、アクティブラーニング部門で開講している授業でもありましたね。

宮川　アクティブラーニング部門開講の授業では、ＴＡから「これなら

できます」と提案もさせていただきました。例えば、「手を挙げている人がいたら TA が見つけて先生にお伝えします」と申し出たことです。Zoom の画面では、履修者が多ければ多いほど手を挙げている人に気づくことが難しく、それに気付いて先生に伝える役割です。また、授業時間外の学生の議論の時間がないという話から、授業時間外にも少し Zoom の部屋を開放したらよいのではないか、さらに、時間外のグループワークのためにメンバーの連絡先交換をどのようにするとよいか等、いくつか提案をしました。

伊勢坊　教員もオンライン授業で初めての経験も多く、対面であれば学生が困らないことがオンラインになると困ることがある、ということに気づかないこともあったかと思います。そのような点を教員と学生の両方の立場が分かる TA からご提案いただき、助かりました。

コラム③：アクティブラーニング型授業における TA の役割

　TA を担うのは、学生でありながら将来の教育者という中間的な立場の大学院生であるため、受講者の学生と授業担当教員の両方の目線から授業に携わることができるという利点を持つ。その利点は、特にアクティブラーニング型の授業において発揮される。例えば、私が TA を担当した「模擬国連で学ぶ国際関係と合意形成」（第 3 章）の授業では、自身がこれまで学習や研究で培った知識を用いて、学生に対して会議行動や合意形成についてのフィードバックを行った。他方で教員に対しては、学生が作成する Policy Paper にて引用の明記を義務付けることが彼らの課題レポート作成に有意義だと考え、その旨を提案した。このように、受講者・教員双方の目線を持つ大学院生であるからこそ、取り組み方次第で学生指導や授業改善に資することができる。

　TA は、授業準備を補佐する受動的な存在とのみ捉えられがちである。しかし、能動的に授業参画が可能な TA の場合には、授業の質に付加価値を与える重要な役割を果たせるのではないだろうか。（九島佳織）

■　授業支援以外の活動

伊勢坊　また、KALS TA には、授業支援の活動以外に、ご自身の専門を活かした情報発信等の業務も行っていただいています。田中さんにはニューズレターに記事を書いていただいてきました（コラム④(p.137) を参照)。ニューズレターとはアクティブラーニング部門が年に１回発行し、教授会で配布する冊子で、部門の活動、アクティブラーニングで使えるツールや部門で執筆した書籍等を紹介するとてもいい機会です。田中さんが書かれた内容について、お聞かせください。

田中　私が執筆させていただいたのは、チュートリアルについてです。オーストラリアの大学に留学していた際、チュートリアルを経験しました。大学には、教員の他に大学院生が主となって学生をサポートする役割を担うチューターと呼ばれる人がいます。そのチューターの下で学ぶ時間のことをチュートリアルと呼びます。チュートリアルはオーストラリア、イギリスが基になっており、イギリス系の大学では、チュートリアルの制度を設けている大学が多いので、その仕組みの紹介をしました。また、チュートリアルを日本の大学で活かしていけるかという内容の記事を書かせていただきました。チュートリアルにおいて鍵となるのは、チューターを担当する大学院生のファシリテーションの力量です。オーストラリアでは、ファシリテーションを個々のチューターの資質に委ねるのではなく、チュートリアル運営の参考になる手引きを発行したり、研修を実施したりして、チューターの育成を組織的に支援する体制を整える育成の仕組みがありました。チューターの育成を目的とした研修では、講義やグループワークに加え、チューター同士が相互に授業を観察する機会を設け、改善点を見つけさせるピア・メンタリングを実施することもあり、日本の大学にも参考になる点があると考えました。

伊勢坊　執筆してみていかがでしたか？

田中　体験したチュートリアルの良さを言語化するためには、制度、仕組み、活用方法などを文献で調べることが必要でした。このプロセスは、研究する上でも大切なことですので、いい経験になりました。

135

また、今回はチュートリアルそのものや、その活用方法を紹介することに狙いがあったので、いつも自分が慣れ親しんでいる論文とは少し違う書き方を心掛けました。大学教員はさまざまな文体での執筆機会が多いと思うので、その練習もさせていただいたと思っています。

伊勢坊　私たち教員は、TA それぞれの専門分野を活かした情報発信といった機会を皆さんに提供できればと思っており、授業支援のみならずさまざまな経験を積んでいただきたいなと思っています。

　　　　2020 年 S セメスターはオンライン授業となり、宮川さんと田中さんには、新入生を対象としたオンライン、特に Zoom の講習会で TA として活躍していただきました。文科と理科を合わせて 25 回約 2 週間、とても大変なお仕事をお願いしたなと思ったのですが、そのことについてお話いただけますか？

宮川　　30 人ほどの 1 年生のクラスが 2 ～ 3 つ、60 ～ 90 人程度で、参加できる人は気軽に参加してくださいという形で Zoom の使い方を学ぶ講習会でした。ブレイクアウトセッション、画面共有などの基本的な操作を 1 時間かけて中村先生が講習なさって、TA がサポートする形でした。

伊勢坊　講習会中のサポートは、実際にどんなことがありましたか？

宮川　　サポートは結構多かった記憶があります。例えば、Mac のパソコンを使う人がうまく画面共有できないといった小さな問題が結構ありました。S セメスターの授業期間中にはなかったような問題ですが、最初の講習会ではそのような小さな問題で止まっていたかと思います。講習会中は、学生が理解できていない点、操作が難しかった点、時間がかかった点などを巡回して把握し、各回終了後に部門の先生方と TA の打合せをして改善できるところは改善し、次の講習会に挑みました。

伊勢坊　授業が始まってからトラブルが少なかったのであれば、講習会の意義があったと感じます。講習会のおかげでスムースにオンライン授業が始められたと言っても過言ではないと思いますので、お二人に TA として入っていただいたことは意味がありました。

コラム④：ニューズレター執筆から TA が得られるもの

　豪州の大学留学時に、チュートリアルという少人数の環境で行う学生主体の学びを体験する機会があった。豪州では、チュートリアルは、講義を補うものとして位置づけられ、大学院生の「チューター」がファシリテーションをしている。KALS の TA を担当していた際に、AL 部門の先生に豪州での経験を話したところ、部門発行のニューズレター（NL）で是非紹介して欲しいとの依頼を受け、「授業支援に取り組む学生の育成」というタイトルで、チュートリアルの意義やチューター育成の実践例、日本の大学教育への示唆などについて執筆した[1]。大学の教育実践で活かせる内容になるように、部門の先生の助言をいただきながら、チュートリアルに関する関連書籍を読んだり、オンラインで新たに情報を収集したりして、豪州で受けた自身の教育経験を相対化しつつ、チュートリアルに関する制度や取組みについて理解を深めた。普段は専門に関する学術論文を書くことが多いが、NL の執筆は、将来、自分が大学教員として教育や学務に従事することになった際、どのような授業やカリキュラムを設計できそうか、具体的にイメージする良い機会となった。(田中李歩)

■　TA 経験からの学び

伊勢坊　研究者、教育者を目指される中、TA の経験でお気づきになったこと、感じられたことについて、お話いただけますか？

宮川　KALS TA の経験において、新しい試みに挑戦される先生方の授業を担当させていただく機会に恵まれ、そのような先生方の授業を目の当たりにし、教育をする上で常に新しい方法を探される姿に影響を受けました。KALS は、教育として実験的もしくは新しい手法やツールを授業で導入されたい先生方が優先的にお使いになる教室なので、刺激がありました。

田中　KALS で授業をされている先生方は授業にメリハリがある印象です。KALS にあるいろいろなツールを使って授業する場合、どの段階で何を使うといったことをある程度頭の中で組み立ててから授業をされていることもメリハリに繋がっていると感じます。学生も、

137

ツールが変わることによって気持ちが切り替えられるところがある
だろうと感じ、自身が授業を担当する際にも活かせたらと思います。
また、先生から学生に指示を明確に出すことが非常に大事だとこの
TA経験を通して学びました。特にグループワークの場合、指示が
分からず沈黙になってしまうのはもったいないと感じます。

伊勢坊　グループに分かれた後に、学生が「えっ、何をするの？」といっ
た状況に置かれていることをTAから教えてもらい、指示が明確で
なかった問題に気付き、改善ができたことが実際にありましたね。
授業改善に繋がる素晴らしい気づきでした。九島さん、いかがです
か？

九島　授業はとにかく長く、集中力が続かないので、意識をどのように
繋げていくかといった点で、画面をよく切り替える、画面共有をす
る、グループワークを細かく入れてみる、休憩の時間にフランクな
話でつまらなくなっていた学生の興味をもう一回引き付ける等、そ
のようなやり方もあるのだなと、オンラインならではの先生の授業
の仕方、進め方について学びました。

須藤　私が担当した授業では、最終レポートの内容について、学生間で
発表や議論をさせて、ブラッシュアップする機会が多くあり、私も
ファシリテーターとして議論に参加しました。受講者の中には、私
の研究テーマである途上国の言語教育を取り上げている人もいて、
そうした学生がいる場合には、これまでの自分の研究の蓄積をもと
に、情報を共有しました。その後のアンケートで、「TAの須藤さ
んのコメントがためになった」という回答を見た時は、嬉しかった
です。これまで自分の専門分野について、学生に指導することはな
かったんですが、今回のTAの経験で、教えるという行為を通して
自分の中で学びが深まりましたし、私の持つ言語教育の分野の専門
性を、今後どのように活かせるのかについて考える機会にもなりま
した。

伊勢坊　皆さんが、将来どのような授業を展開したいのか、どのような指
導ができうるかなどを考える契機になっていることを知り、嬉しく
思います。

■ 未来のKALS TA へ

伊勢坊 KALS の TA はロケーションの都合上、総合文化研究科の院生に
お願いすることが多いのですが、当時院生だった中村先生が宮川さ
んを、宮川さんが田中さんを、といった形のご紹介で応募してくだ
さるケースが多いですね。お知り合いや後輩の院生などに KALS
TA を勧めるなら、何と言ってお勧めされますか？

宮川 キャリアとして教員を考えている人にとっては、教えることが重
要になってくると思います。教育実績があることは重要ですので、
積極的にチャレンジすることを勧めます。

田中 いろいろな形態の授業を見ることができるいい機会になると思い
ます。授業をしている先生の個々の技術といったものも勉強できる
ので、大学教員を将来目指しているならばぜひ TA の経験を積むと
いいと思います。

伊勢坊 仰る通り、KALS TA は自分の専門領域以外の授業の TA もお願
いしますので、いろいろな授業、教え方、先生、学生との関わり方
といったことを勉強できるかと思います。私も勉強中で、皆さんと
一緒に授業支援ができ、大変嬉しく思っております。これからも、
KALS TA の皆さんの力をお借りしながら、授業支援をしていけれ
ばと思います。本日はどうもありがとうございました。

TA の経験は、若手教員の教育実践にどのように役立っているのでしょうか。この座談会では、院生時代に KALS 等で TA として授業支援を担当され、現在、教員としてアクティブラーニング型の授業を展開されているジエーゴ先生（第 5 章）と中村先生（第 3・9 章）に、KALS 等での TA 経験を通じてどのようなことを学んだのか、またそこでの経験が、現在の教育実践にどのように役立っているのかを伺いました。

■ TA を担当することになった経緯

小原　お二人が TA を担当することになった経緯や動機について、簡単に教えていただけたらと思います。それではまずジエーゴ先生からお願いできますか。

ジエーゴ　私は 2011 年に日本の文部科学省から植物学を専門とする研究留学生として奨学金をもらって日本に来たのですが、その後、修士課程に入り博士課程に進学しました。大学院では植物に関する研究をしていましたが、植物に関する教育をどのように教えられるのかにもずっと関心があり、研究だけでなく教育にも関わっていたいという気持ちが強くありました。そこで TA の仕事を探し、最初は理系学生の必修科目の Active Learning of English for Science Students（ALESS）のためのラボ（実験室）の TA を担当しました。そのあとで、KALS の当時の教員（中澤明子先生）に声をかけられて KALS 等の TA を担当することになりました。

小原　大学院生の時から、研究だけでなく、教育に関わる機会を模索していたんですね。KALS 等の TA になることについて、何か事前に期待していたことはありましたか。

ジエーゴ　KALS がどういうところなのかを紹介してもらい、そこでアクティブラーニングという概念を初めて知りました。ブラジルで聞いたことがなかったもので。KALS の TA を担当すれば、自分の知らない教育方法を身に付けられるのではないかという期待がありま

した。

小原　　中村先生は、KALS 等の TA になった経緯や動機は何だったので
　　　　しょうか。

中村　　博士課程の際に本書の第 7 章で紹介されている栗田先生の「東京
　　　　大学フューチャーファカルティプログラム（東大 FFP)」を受講し
　　　　ていたのですが、その動画教材となる「インタラクティブ・ティー
　　　　チング」に受講生として出演した時に、KALS で撮影が行われま
　　　　して、当時 KALS にいらっしゃった中澤明子先生や福山佑樹先生
　　　　に「KALS の TA というのがあるんだけれども、興味ありますか」
　　　　とお声掛けいただいたのがきっかけです。FFP やインタラクティ
　　　　ブティーチングの経験もあって、アクティブラーニングそれ自体に
　　　　関心はありましたし、大学教員になれたら、自分の国際政治学の授
　　　　業にアクティブラーニングを導入したいと思っていました。なので、
　　　　KALS でのアクティブラーニングの実践例を見て学ぶことができる
　　　　かなと思ってお引き受けした次第です。

小原　　おっしゃっていただいた「見て学べる」というところが、まさし
　　　　く TA の醍醐味かと思います。

■　TA としての役割と学んだこと

小原　　KALS 等では、どのような授業で、具体的にどのような役割を
　　　　もって TA を担当されていたのか教えていただけますか。

ジエーゴ　私が担当したのは、初年次ゼミや ALESS などのアクティブラ
　　　　ーニングを取り入れた 1 年生向けの少人数の必修授業でした。特に
　　　　多く担当したのが ALESS の授業でした。ALESS は、理系学生の
　　　　必修科目で、自然科学分野の論文を英語で書くことを目的としてい
　　　　ます。学生が ALESS の教員の指導を受けながら、短期間でできる
　　　　オリジナルな実験を行い、その結果を解析・解釈して論文を書くと
　　　　いう流れになっています。学生の課題が多く、結構忙しい授業です。
　　　　学生がグループ・ディスカッションをすることが多く、TA として
　　　　は、ディスカッションに参加したり、科学実験の方法をアドバイス
　　　　したりしました。

小原　TA を経験していて、特に学んだことや印象に残っていることは
　　　ありますか。

ジエーゴ　私自身が受けてきた授業のほとんどは、何時間もずっとスライ
　　　ドを見続ける講義形式の授業だったんですが、TA を担当した
　　　ALESS では、学生も TA も積極的に参加する活動が多く、その分
　　　教員も多くの準備が必要でした。教員が過密スケジュールをうまく
　　　こなすために、毎回の授業を細かく切って、いくつものアクティビ
　　　ティーを取り入れていたのが印象的でした。TA を経験する中で
　　　色々な授業のパターンを見て、どういう目的の場合にどういう手法
　　　が効果的なのかや、限られた授業時間の中で何ができて、何ができ
　　　ないのかなどが少しずつ分かるようになった気がします。

小原　中村先生は、KALS 等でどのような授業を担当されていたので
　　　しょうか。TA としてどんな役割を担当したのかや、特に印象に残
　　　っていること、学んだことなどがあれば教えてください。

中村　僕は本書の第 2 章担当の岡田晃枝先生の授業の TA を 3 年間やっ
　　　ていました。1 年目は全学自由研究ゼミナールを、2 年目、3 年目
　　　は初年次ゼミナール文科を担当していました。どちらの授業も授業
　　　全体がアクティブラーニングになっていて、とても勉強になりまし
　　　た。特に勉強になったことが少なくとも 2 つありました。1 つが、
　　　学生の座席を毎回入れ替えるということです。具体的には、学生が
　　　教室に入る時に TA が―当時の僕ですけれども―トランプのカード
　　　を持っていて、学生にカードを引いてもらって記号（スペード等）
　　　ごとにグループ分けをするということをしていました。学生は放っ
　　　ておいたら人間関係ができている仲良しさん同士で座ってしまいが
　　　ちですが、意図的に毎回グループを変えることで、いろんな人と交
　　　わってグループワークをするという設計をされていました。些細な
　　　ことのようですけれども、多様な見解に触れる機会を作ったり適度
　　　な緊張感を持たせたりできる点で、有効だと思いました。

　　　もう 1 つが、国際機関や霞が関の中央省庁に務めてらっしゃる実
　　　務家の方がゲストとしていらっしゃる際のことです。自分自身が学
　　　生の時に参加していた授業で同じように実務家の方が来られた時は、

受け身で偉い方の体験談を聞くという感じだったんですが、岡田先生の授業では、若手、中堅ぐらいの方がいらっしゃって、もちろん偉い人なんですけれども、学生とワークを一緒にやったりとか、学生のワークに対して講評したりとかされていて、そういう方法もあるんだと学びました。その２つが今でも記憶に残っています。

小原　　どちらもインタラクティブな志向性があって、学生にとっては刺激になりますね。

■　教室空間と学びの関係

小原　　KALS は、お二人のお話にも出てきたようなグループ・ディスカッションなどを取り入れたアクティブラーニングを促す仕掛けが施された教室空間になっていますが、TA を担当されていて、そうした教室空間について何か感じられたことがあれば、教えていただけますか。

中村　　アクティブラーニングをする上で、KALS のような教室空間はとても大事だと思います。アクティブラーニングと言われても、まだまだ日本の学生には心理的な抵抗があると思うんですよね。僕もそうでしたけれども、高校まで受験勉強を中心にするような、座学を中心にするような勉強をやってきて、しかもそこでの目標というのは「ライバルの子たちよりも１点でも多く取って、入試を突破するんだ」といったことです。それが大学に入ったら急に「学び合いが大事です。みんなで一緒に学んでいきましょう」と言われても、そんな風に急に意識を変えるというのは難しいと思うのです。

　　　　教室の空間が高校までと同じようなものだったら、なかなか意識の転換ができないと思うんですけれども、KALS のような「みんなで一緒に学んでいこう」というコンセプトがはっきりした教室だと、ちょっとずつでも意識を変えていきやすいのではないかと。そういった意味では、教室空間は大事ですし、その教室空間を最大限に活かすような仕掛けも大事だなと思いました。

小原　　教室空間のあり方が学びに対する学習者の意識のあり方まで変えるということを、肌で感じられたということですね。一方で、

KALS のようなアクティブラーニング支援型の教室数はキャンパスでは限られていて、多くの教室はスクール形式の講義教室です。必ずしも KALS のような教室環境ではなくてもできる仕掛けというのもあるかと思いますが、いかがでしょうか。

中村　そうですね、先程のトランプの話は一つの例になるかもしれません。ちょっとした工夫で、「みんなでやっていく授業なんだ、みんなで学び合っていく授業なんだ」という雰囲気を先生や TA がつくっていくということができると思うので、元々の教室空間も大事ですけれども、工夫のしどころもあるということをお伝えしておきたいですね。

小原　ありがとうございます。ジエーゴ先生はいかがでしょうか。

ジエーゴ　私も中村先生と全く同じ意見です。学部生の時、生物の講義を受けた後に、実験室で実習を行うことがよくありました。実験室には、先生が講義を行うところと、学生が中心になって実験を行うスペースがありました。私が顕微鏡を使っていたら、教員や TA が来て、私の作業をみて指導してくれました。KALS もそうですが、学生が設備や環境を活用して主体的に活動することを想定して設計された教室では、自然と授業が学生主体のものになることを実感しました。

　もちろん授業の目的によりますが、KALS のような部屋ではなくても、学生が何かを作ったり、自ら調べるような授業では、教員ではなく学生が主体になるので、学生が教室の中心にいるという意識が大事なように思います。教室のレイアウトを変えられないときもありますが、講義教室であっても、先生がいつも前にいるのではなくて、学生の周りを歩いたりとか、近くに来たりとかすることで、その KALS の環境を再現できるんじゃないかなと思います。

小原　教室環境によってアクティブラーニングが促進される部分はあるけれども、教室空間に依存しない工夫も色々あるということですね。

■　教育実践に活きる TA の強みへの気づき

小原　さてお二人は現在、教員としてアクティブラーニング型の授業を

展開されておられるわけですが、KALS 等での TA の経験が授業で役に立っていると感じるようなことはあるでしょうか。

ジエーゴ　そうですね、今担当しているのは TA の時に担当していた ALESS の授業ですが、実験をしてその結果を論文に書くという授業で、結構ステップが多いんです。だから授業全体の中でチェックポイントを幾つか入れています。そのチェックポイントで、大事な点や、みんながよく間違ったり、忘れがちなところを確認するんですが、学生に直接聞いても答えてくれないんです。例えば、「論文の引用のやり方は分かりましたか？　今日説明した〜については分かりましたか？」と聞くと、最初は「はい、大丈夫です」と返すんです。何回も聞いてもずっと「大丈夫です」と。それで成果物（論文）を見てみると、やっぱりわかっていなかったということがあります。TA をしていた時によく感じていたのは、学生が「私は学生、彼は先生」という立場の違いに対する意識があるということでした。先生に好意を持っている場合でも、「これは先生に言っては駄目」と遠慮してしまうようで、後から「〜を先生に伝えられなかった」と、当時 TA をしていた私に助けを求めに来る学生もいました。学生の側にはいろんなレイヤーがあって、教員に話す内容と、TA に話す内容と、ほかの学生に話す内容とで差があることにも気がつきました。そういうこともあって、授業では学生の理解度を確認する機会を意識的に作っています。教え始めた頃は、みんなが率直に話してくれるだろうと考えていたんですけれども、そうではないんですよね。TA をやっていた時のことを思い出しながら授業をデザインするほうが、成功率が高いなと思います。

小原　まさに TA の経験があってこそ気づける視点ですね。ジエーゴ先生の授業では TA はどのような役割を担っているのでしょうか。

ジエーゴ　ALESS では授業一コマ一コマには TA はついていないのですが、常駐 TA が中心となって学生の相談に乗る駒場ライターズスタジオ（KWS）や ALESS Lab のような、ALESS 受講生が利用できる施設があるので—ALESS Lab は私が運営をしているのですが—、学生に一度は利用してもらうように伝えています。そうする

と、「大丈夫」と言っていた学生も、TA と話す中で、自分が理解していなかったことや、間違って理解していたことに気づくことがあります。

小原　TA を介すことで、学生自身が自分の理解不足に気づけるようになるということですね。中村先生はいかがですか。

中村　僕は TA をしていた初年次ゼミナール文科と全学自由研究ゼミナール／高度教養特殊演習を、教員として今担当しているんですけれども、ジエーゴ先生と全く同じ感想を持っています。自分が TA だった時に学生たちが見せてくれた顔と、自分が教員になってからのそれというのは少し違うところがありますね。フレンドリーな教員ももちろん多いとはいえ、教員は成績を付ける権限を持っている人間なので、学生からすると、TA に対してほどは自分の本心を出せないのかもしれません。学生は、一回聞いたことがあるかもしれないことを教員にまた聞くというのが、特に真面目な学生ほど敬遠する傾向があるようです。例えば論文の書き方で言うと、脚注の付け方とか、参考文献の表記方法などは、一回教わってもなかなか頭に残らなくて、何回も間違って、繰り返し指摘されながら慣れていく、定着させていくというものだと思うんですけれども。その手のものは「授業で聞いたしな」みたいな感じで教員に聞くのをちょっと尻込みするようです。そこに気付けたのは、自分が TA を多くやっていたからといえるので、それは TA をやっていて良かったことです。

小原　その気づきを授業で活かしていることはありますか。特に、TA に授業サポートを依頼する立場になってみて、何か気をつけていること、あるいは意識していることなどがあれば、教えていただきたいです。

中村　そうですね。まだ試行錯誤の途中ですが、TA には教員とは違う立場であるがゆえにできることというのを意識してもらって、サポートをお願いしています。学生にとって学びやすい環境とは何だろうと考えたときに、場合によっては教員よりも TA のほうがフィードバックに適している場面もあって、そういった場面では TA に学生サポートをお願いするようにしています。役割の違いをふまえた

コラボレーションを教員が意識できれば、TA も教員をサポートしやすくなるのではないかと思います。初年次ゼミナール文科の場合は、ALESS Lab のような受講生が常駐 TA に相談できる学習空間としてラーニングコモンズという場所があるので、教員に聞きにくいことはラーニングコモンズの TA に聞いてもらうように学生を誘導したりもしています。そういう役割が違うがゆえの使い分けを意識しています。

小原　なるほど。学生目線から見る教員と TA の違いに、教員、TA がどれだけ自覚的になってアプローチしていくのかが、学生の学びの質にも影響してくるというお話だったように思います。

■　TA の指導・育成について

小原　TA の指導や育成に関して、ほかに実践されていることや、これまでの経験を踏まえて提言したいことなどはありますか。

ジエーゴ　私が運営している ALESS Lab では、学期末になると必ず学生 TA とミーティングをして、TA が学期中に気付いたことをヒアリングし、次学期に活かしています。私はブラジルにいた時も TA をしていたのですが、その時は、教員の参加する授業改善のためのミーティングに参加したり、授業のデザインに関わったり、実際にクラスを担当することもありました。授業に関して学ぶ機会はもちろん、学生と触れ合う機会も多くありました。こうした経験は、TA のモチベーションにも影響するので、ALESS Lab では、TA にラボの作業だけではなく、教材開発を手伝ってもらったり、来学期に何か変更しようとしたら一緒に考えてもらったりしています。こうした工夫も取り入れられたらいいのではないかなと思います。

中村　そうですね、日本の TA 制度はまだまだ過渡期みたいなところがあって。TA にお願いすることとして、昔は出席を取っていればいいとか、紙を配っておけばいいみたいなところがありましたが、「学生が中心の授業」になってきたのに伴って、TA の役割も自然と能動的なものになってきていると思います。それは非常に好ましいことですけれども、教員がしっかりと管理しておかないと、TA

の業務過多になりかねないということには注意が必要です。「能動的な TA」が求められるようになる中で、熱心な TA さんが授業に積極的に関わるのは基本的にとてもいいことなんですけれども、時には教員が調整してあげるということが、「能動的な TA」を属人的なものにとどめず、制度として持続可能なものにしていくために大事なように思います。

小原　アクティブラーニングを積極的に導入する授業であればあるほど、一層、教員によるマネージメントが必要になってくるように思います。お二人のお話から、「学生主体の教育」が教育改革の世界的潮流となる中で、TA の役割がどのように変化しているのか、教員がいかにして TA のサポートを動員し、学生目線の授業づくりに取り組むことができるのか、いくつものヒントを示していただいたように思います。

■　現役 TA へのアドバイス

小原　さてそれでは最後に、TA 経験を踏まえて、お二人から現役 TA の学生に向けて何かアドバイスあるいはメッセージがあればお願いします。

中村　TA と教員双方の経験を踏まえて言えるのは、「学生と本当に近い形でアドバイスができるのは、TA の今だけだよ」ということになるかもしれません。TA の役割は授業の目的にもよるし、担当教員の考えにもよるので、その範囲内でということにはなりますが、ぜひ今の立場を活かして業務をやっていただきたいなというのがあります。大学教員を目指している院生さん、学生さんであれば、将来自分が同じ授業を担当するということもあり得るわけなので、ただ業務だからやるというのではなくて、「自分が教員ならば、こうするな」というのをイメージしながら TA をやってもらうと、得られるものが多くなるのではないでしょうか。教員の授業から学ぶだけでなく、「ここはもっと工夫できるぞ」と思うところも見つけるぐらいの意識を持ちながら TA をやってもらえるといいと思います。

小原　ジエーゴ先生はいかがでしょうか。

ジエーゴ　私も同じ意見です。研究室のゼミでも、TA経験を通じて学んだ授業の手法を取り入れてみたら、伝えやすくなり、ゼミ発表がうまくできるようになりました。今のポストの公募に応募した時にも、TAとして経験したことがそのまま教育に関する抱負につながって、気持ちに余裕を持って準備することができました。だからTAとしてやっていることを自分の研究周りで活かせるようなら積極的に取り入れてみてもいいと思います。

小原　　素晴らしいですね。お二人には、TAとして多くの授業を見て学んできたからこそわかる、これからの時代に求められる教員やTAのあり方をお示しいただきました。ありがとうございました。

第 11 章

対談 スタッフによる授業支援

司会　伊勢坊綾
対談者　中澤明子

　アクティブラーニング部門では、アクティブラーニングを採り入れた教養教育を教育工学の視点から支援することを目的として、東大駒場キャンパスで開講される授業の支援を行っています。この座談会では、アクティブラーニング部門ができた際にスタッフとして業務に従事されていた中澤先生に、当時の授業支援体制、TA の育成とその研究、COVID-19 を経てのアクティブラーニングの支援・展望などについて伺いました。

■　アクティブラーニング部門設置当時の授業支援

伊勢坊　中澤先生は、2010 年 4 月にアクティブラーニング部門に着任されていますね。

中澤　はい。2007 年度から 2009 年度まで、現代的教育ニーズ取組支援プログラム（現代 GP）「ICT を活用した新たな教養教育の実現─アクティブラーニングの深化による国際標準の授業モデル構築─」が取り組まれました。その中で、2007 年 5 月、KALS（駒場アクティブラーニングスタジオ）が設置され、ICT を活用したアクティブラーニングの授業モデルの検討や実践などが行われていました。その後、2010 年度に教養教育高度化機構アクティブラーニング部門が

151

でき、そこで KALS の運営や ICT を活用したアクティブラーニングの推進が継続されました。私は教養教育高度化機構アクティブラーニング部門ができた 2010 年 4 月に着任しました。

伊勢坊　現在、アクティブラーニング部門はスタッフ 3 名体制ですが、当時は何人でしたか?

中澤　2 人でした。

伊勢坊　当時の授業支援はどのような内容と体制で行っていましたか?

中澤　授業支援の基本的なところは、2007 年からの取り組みですでにできていました。たとえば、私が着任した時にはすでに学生が KALS で行われる授業にサポートに入るという支援体制になっていました。

　　当時の授業支援の内容としては、KALS の機材・設備の管理、教室の管理、加えて、先生方への教室の使い方の説明、授業方法に関する相談や提案・アドバイス、授業支援を行う学生スタッフのマネジメントなどが挙げられます。また、2009 年までの取り組みの継続として、授業で使用するブログシステムの提供も行っていたかと思います。ブログシステムを基礎演習(現・初年次ゼミナール)という授業の先生に使ってもらえるようにしていました。これらの授業支援を、当時のアクティブラーニング部門のスタッフ 2 名で分担して行っていました。

■ KALS TA の育成

伊勢坊　ティーチング・アシスタント(以下、TA)とは、教育的配慮の下に教育補助業務を行う大学院生を指します[1]が、KALS で行われる授業の TA は二通りあります。一つは、授業内容に関係する TA と、もう一つはテクニカルな面で支援する KALS TA です。KALS TA は授業内容には入りませんが、レイアウト変更や機材対応等、アクティブラーニング型の授業を支援するために教室に入ります。KALS TA、つまり、特に ICT を活用した授業を支援する TA の育成に積極的に取り組まれていたとも伺っています。その点について、お伺いしてもよろしいでしょうか?

152

中澤　　はい。すでに述べたように、KALS で行われる授業については、学生を中心にしたサポート体制がありました。学生スタッフには学部生もいましたが、便宜的に「KALS TA」と呼んでいました。近年では、授業支援に携わる学部生のことをスチューデント・アシスタント（SA）やラーニング・アシスタント（LA）という呼称を用いることもあります。

　私が着任した1年目の終わり頃に、KALS の管理運用を審議する委員会の中で、教室管理等の物理的なサポートに加え、授業支援に携わる KALS TA の充実の検討について提案がありました。約1年間、KALS での授業支援に携わる中で、私自身も KALS TA の運用や育成に課題を感じていました。たとえば、支援の程度に差があり質が一定ではないことや、KALS TA が KALS の設備や支援について知るためのリソースがそろっていないこと、あるいは、リソースがあっても分散している等です。さらにマニュアルが集約されていないことや TA としての心構え等をまとめたハンドブックがないことも課題でした。

　その後、先の委員会でご提案くださった委員の齋藤希史先生に、そういった課題を感じていることをお伝えしました。また、2011年に駒場キャンパスに建設された「理想の教育棟」である「21 Komaba Center for Educational Excellence（以下、21 KOM-CEE）」には、アクティブラーニングスタジオが8つ設置されることとなり、アクティブラーニング型の授業が増えることへの備えとして授業支援のための TA の育成を考えていることをお伝えし、取り組みを検討することになりました。2010年度末から実際に KALS TA として授業支援している学生と一緒に、KALS の機材に関するマニュアルを整備し始めました。もちろん、それまでも機材の使い方の説明書はありました。しかし、KALS TA が読むための機材に関するマニュアルをその時に作りました。

　また、KALS TA の重要性を会議で発言してくださった齋藤先生は、TA 同士がつながりコミュニティをつくることや、勉強会を行うことで授業支援のための人材やスキルを確保できるのではないか、

といったこともご提案くださいました。

伊勢坊　齋藤先生は、KALSで授業をされ、KALS TAによる支援を受けていらっしゃったのですか？

中澤　はい。長年、KALSの運営に関わられており、齋藤先生ご自身も授業でKALSを使ってくださっていました。KALSの意義や状況、課題をご理解されていたので、TAの充実についても積極的にご意見くださったり、アイデアを出して話し合ったりしました。

伊勢坊　なるほど。KALSに加えて、当時計画されていた21 KOMCEEには8つのアクティブラーニングスタジオが設置される予定でしたので、そのような状況を踏まえて、TAの育成と確保がより重要になってきたということでしょうか？

中澤　そうですね。そうした状況を見越してのTAの充実というご提案だったのだと思います。

　そこが起点となって、実際にどのように支援するかを考えていきました。そして、2011年4月にTAによる初めての情報交換会を開きました（図1）。そのときはKALS TAだけではなく、KALSで開講される授業のTAを担当する学生たちにも声をかけ、範囲を少し広げて参加してもらいました。その会では、アクティブラーニングについての説明、KALSの機材、設備の利用事例の紹介、KALS TAによる体験談といった内容の情報が交換されました。

　その後も、毎セメスター終了時にKALS TAによる情報交換会を実施し、授業支援のふり返りや課題の共有、解決方法の議論を行うようになりました。

伊勢坊　先ほど述べたように、KALSで行われる授業では、授業内容に関係するTAと、テクニカルな面で支援するKALS TAがつく場合とがあるかと思います。授業TAがいない場合、授業担当の先生とKALS TAの信頼関係のつくり方がとても大事だと、現在スタッフとして働く中で認識しています。授業される先生とKALS TAとの間の関係をつくることについて、気を付けられていたこと等ありましたか？

中澤　すでにKALSで授業をされたことがある先生で、こちらが授業

図1. あるセメスター終了時の情報交換会の様子

の内容を把握している場合には、事前に KALS TA に先生や授業について伝えていたと思います。授業後には、先生と必ず話をするようにしていたので、そのときに KALS TA も一緒に話したり、先生とのコミュニケーションがうまくいくような情報共有など、そのような働き掛けはしていたと思います。

伊勢坊　今も同じですね。ありがとうございます。

■　KALS TA の育成に関する研究

伊勢坊　中澤先生といえば、KALS TA の育成に関して研究され、成果を発表されていますよね（中澤・福山 2016）[2]。研究にしようと思ったきっかけを教えていただけますか？

中澤　KALS TA たちを見ていて、サポートする内容は学習環境やテクニカルなことが多いけれども、それ以外のことも何か得ているのではないか、それが何なのかを知りたいと単純に思いました。自分自身が KALS で行われる授業を見て学ぶところがあったのも、このように考えるようになった要因かもしれません。たとえば、授業で

155

グループ学習を行う時はこういう点に気をつけたほうがよいとか、この先生はこういう働き掛けをやっているとか、こういう関わり方をすればいいんだとか。自分自身も授業方法など勉強になるところが多かったので、KALS TA も授業の場に立ち会うことで何かを得ているのではないかと疑問に思ったのです。

伊勢坊 私も KALS のスタッフとして、同じような感覚を抱いています。私自身も現在勉強させていただいているなと思いますし、教室の中でサポートする KALS TA は授業の熱量や、学生と教員の関係などを学んでいるのではないかと思うのです。なるほど、研究したいと思われた背景がよくわかりました。

中澤 ふり返ると、2012 年 10 月に発行したアクティブラーニング部門のニューズレターでも、TA と人材育成について執筆していました。アメリカの TA 制度や PFF（Preparing Future Faculty）[3]、いわゆるプレ FD [4] の取り組みを紹介しながら、KALS TA も将来役立つのではないか、といった内容に言及していました。

その当時の KALS TA は、学部生はほとんどおらず、大学院生ばかりになっていました。東大の大学院生は、研究者、つまり大学教員を目指す人が多いです。明確な仮説ではないけれど、KALS TA は何かを学んでおり、それは設備の使い方などのテクニカルな面だけではないのではないか、そしてそれは将来、KALS TA が大学教員になった時に役立つものなのではないかと思い、研究しようと考えたのです。

伊勢坊 2012 年の 10 月にニューズレターを執筆されていて、研究成果を発表されたのは 2016 年ですよね。研究の方法や執筆のスケジュールについて、お伺いしてもよいですか？

中澤 2014 年度の KALS TA の 7 名を対象に半構造化インタビューを行って、修正版グラウンデッド・セオリー・アプローチ（M-GTA: Modified Grounded Theory Approach、以下 M-GTA）という方法で発話を分析しました。まずは学会で発表し、それをもとにブラッシュアップしていきました。

伊勢坊 インタビュー調査では TA 自身が記録していたオンライン業務日

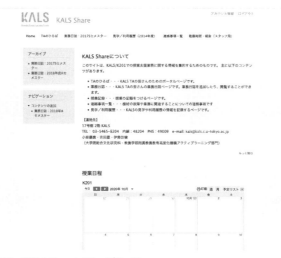

図2.「KALS Share」のトップページ

誌を用いて業務をふり返ったと、書かれていますね。

中澤　はい。2014年からDrupalというCMS（Contents Management System）を使って、「KALS Share」というサイトを作り、オンラインで業務日誌をつけてもらっていました（図2）。業務日誌は、業務の記録や情報共有だけでなく、KALS TA自身が業務をふり返り、学びや業務改善につなげることも視野に入れて設計・運用しました。業務日誌の内容としては、授業中の問題点と解決方法、次回授業の準備などの業務に関連すること、ふり返りの項目でした。ふり返りの項目では、その日の仕事の出来を五件法で聞き、次回以降の仕事に対する不安、心配なところも尋ねるといった内容でした。インタビュー調査では、この業務日誌を用いて業務をふり返って喚起し、話を聞きました。

　ちなみに、「KALS Share」のサイトでは、KALS TAのミッションや心構え等を記した「TAハンドブック」やマニュアル等も掲載し、TA業務に関する情報を集約しました（図3）。

伊勢坊　研究にされたのは大変だったと思いますが、改めて、この研究はKALS TAたちにとってどんな意義があったかと考えますか。

中澤　この研究では、KALS TAは、設備機材の知識を学んでいるだけ

図3. KALS Share の TA 向けページ。出勤から退勤までの流れ、業務日誌、
TA ハンドブック、マニュアル等を集約。

ではなく、授業方法などのアクティブラーニングを導入した授業に
関することも学んでいる可能性を明らかにしました。

　KALS TA は学習環境の整備やテクニカルな支援がメインの業務
なので、授業 TA とは異なります。一方で、自分の専門分野以外の
授業支援に関わることもありますし、KALS ではアクティブラーニ
ングを取り入れた授業が行われるので、より多様な授業に触れるこ
とができます。そういった点では、さまざまな授業方法について学
べるというメリットがあるのかなと思います。

　もちろん、授業 TA も授業運営—その大学院生の専門研究分野の
授業であることが多いと思われますが—に関わる中で、多くの学び
を得られます。しかし、KALS TA のような、授業内容には関わら
ないタイプの授業支援であっても学びを得られるということは、
KALS TA のメリットをきちんと示すことにもなりますし、KALS
TA 自身のためにもなるのではと思います。実は、研究にしようと
思った理由の一つに、KALS TA にとってのメリットをきちんと示
したい、という想いがありました。その意味では、その目的を果た
すことができたのかなと思います。

伊勢坊　今後も TA の育成を続けていくなかで、示唆に富むお話を伺い、大変勉強になります。

■　COVID-19 を経たアクティブラーニングの支援・展望

伊勢坊　最後になりますが、現在、COVID-19 の影響で、KALS のような ICT を活用したアクティブラーニングを展開しやすい教室（ICT 支援型協調学習教室）が使えない状況にあります。東大でもオンライン授業が進められています。そこで、アクティブラーニングとしてオンライン授業を進めていくときに、将来どのような方向性があるかということについて、お話いただければと思います。KALS という教室を使っていただくのは意義がありましたし、実験的な授業をされる先生の支援をしたいと思いつつも制限されている状況で、KALS を今後どう活かしていくことができるのか、これからどのように展開することができるのか、お考えをお伺いできればと思います。

中澤　そうですね。まず、対面授業における KALS の活用についてですが、KALS は可動式の什器を備えていてフレキシブルな教室空間ですし、通常の教室であれば約 100 名が着席できる広さのスペースで定員 40 名となっています[5]。また、ウェイティングルームやミーティングルームも授業で活用できます。そういった特徴を活かせば、対面でのコミュニケーションであっても、「密」となることを避けることができるでしょう。そういった利用に適した空間だと思います。

　また、これまでの KALS の役割をふり返りますと、2009 年までは実験的な空間、2010 年からはそれまでと比べると定常的に使う空間になったのではないかと思います。コロナ禍の今、個人的には、また実験的な空間に戻るのではないかと思っています。

　要は、オンラインと対面を組み合わせる際にどのように授業を行えばよいのかを検討する際に、実験的な取り組みをする場として活用する、ということです。KALS には、さまざまな機材が揃っているので、オンライン授業における実験的空間として果たせる役割や

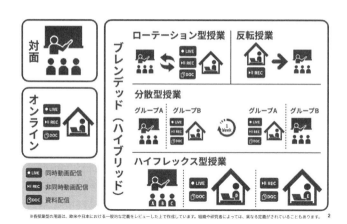

図4. 対面とオンラインを組み合わせたハイブリッド授業の類型
（大阪大学全学教育推進機構教育学習支援部・サイバーメディアセンター（2020）
ハイフレックス型授業実践ガイド。https://www.tlsc.osaka-u.ac.jp/project/
onlinelecture/hyflex.html（CY-BY 4.0））

可能性があるのではないかと思います。対面とオンラインとを組み
合わせたブレンド型授業には様々なパターンがあります（図4）。特
に、ハイフレックス型授業[6] では、マイクやスピーカーなどの機材
が必要な場合がありますし、インターネット環境も必須です。こう
いったタイプの授業では、KALS が有用でしょう。また、そのほか
の実験的な授業形態を試すのにも、十分なポテンシャルを持ってい
ると思います。KALS にはスタッフが常駐していますし、トラブル
時の対応や支援を受けられるのもメリットだと言えます。

　今回のような世界的な規模でオンライン授業が行われるのはもち
ろん世界的に初めてですが、これまで e ラーニング、MOOC（Mas-
sive Open Online Course：大規模公開オンライン講座）などのオン
ラインと対面での学習を組み合わせたブレンド型授業など、オンラ
インを使った教育に関する研究は蓄積があります。こうした過去の
研究が参考になる点があるのではと思います。

　たとえば、向後らの研究（向後ほか 2012）[7] では、e ラーニング
と対面でのグループワークを週替りで交代に実施する授業を実践し、
対面授業と同程度の学習効果を上げたことや、ブレンド型授業の設

計ガイドラインが提案されています。また、MOOC を用いた反転授業・反転学習に関する研究（田口ほか 2019、大浦ほか 2018 など）[8] や、対面でのグループでの学習における議論内容やプロセスの理解が、メールでのグループでの学習活動を活発・有効にすることに必要であることや、そのために対面では議論の内容を協同的に外化できる学習環境のデザインが必要であること（望月ほか 2003）[9] などもわかっています。このように、これまで明らかにされてきた研究知見で、参考になるものを情報提供したり、あるいはその仕組みを作って試したりすることもよいと思います。

伊勢坊 オンラインと対面を組み合わせたブレンド型授業のモデル授業を開講する、あるいはそのような実験的な授業を展開されたい先生方の支援をするのは、大学の向かう方向性でもあると思いますので、そういうところで価値を見いだしていく、ということでしょうか。

中澤 そうですね。なにか新しいことを試したい時、実験的な空間、つまり、ここでは新しい方法に挑戦してもいいですよという教室や人的支援、情報提供があると助かりますよね。空間としての KALS や組織としてのアクティブラーニング部門が、それらの役割を担うことが大切だと思います。加えて、実験結果を研究にしたり、学内外で発信できるといいですね。

伊勢坊 仰る通り、KALS は時代や状況に合わせた新しい教育方法が実験できる空間として位置づけられており、スタッフでありながらとても贅沢な空間だと感じています。今後も時代に即した学習環境を提供できるよう、活動していければと思いました。本日は貴重なお話を、ありがとうございました。

（注）
1) TA（ティーチング・アシスタント）とは、「優秀な大学院学生に対し、教育的配慮の下に、学部学生等に対するチュータリング（助言）や実験、演習等の教育補助業務を行わせ、大学教育の充実と大学院学生のトレーニングの機会提供を図るとともに、これに対する手当ての支給により、大学院学生の処遇の改善の一助とすることを目的とした制度」（文科省ウェブサイト https://www.mext.go.jp/b_menu/shingi/chukyo/chukyo4/003/gijiroku/07011713/001/002.htm）のこと。
2) 中澤明子・福山佑樹（2016）アクティブラーニング教室におけるテクニカル・ティ

ーチング・アシスタントの学び. 日本教育工学会論文誌, 40（suppl.）：205-208

3） PFF（Preparing Future Faculty）とは、アメリカで行われている将来の大学教員の準備プログラムである。PFF は、「将来大学教授になることをめざす主として博士課程に在籍する大学院生（修士課程の大学院生やポスト・ドクトラル・フェローも含む場合もある）に、教育、研究、サービスからなる大学教授の役割と責任を認識させ、教授職への準備を支援すること」（吉良直（2008）アメリカの大学における TA 養成制度と大学教員準備プログラムの現状と課題. 名古屋高等教育研究, 8：193-215）を目的とする。アメリカでは、TA の養成プログラムも整備されている。それが TA 業務を円滑に遂行するための第一段階の養成プログラムであるのに対して、PFF は将来の大学教員を目指す大学院生を支援する第二段階の養成制度である（吉良 2008）。

4） プレ FD とは、「大学院における大学教員養成機能」（文科省「学士課程教育の構築に向けて」中央教育審議会答申. https://www.mext.go.jp/b_menu/shingi/chukyo/chukyo0/toushin/1217067.htm）であり、「FD の前段階における大学教員要請活動を表す和製英語である」（田口真奈・松下佳代（2013）第 2 章 プレ FD とは何か, pp. 83-97. 田口真奈・出口康夫・京都大学高等教育研究開発推進センター 編著（2013）未来の大学教員を育てる：京大文学部・プレ FD の挑戦. 勁草書房）。京都大学「文学研究科プレ FD プロジェクト」や大阪大学「未来の大学教員養成プログラム」、東北大学「大学教員準備プログラム」など、国内の大学でプレ FD の取り組みが行われている。東京大学の「フューチャー・ファカルティ・プログラム」もその一つである。

5） 山内祐平 編著（2010）学びの空間が大学を変える：ラーニングスタジオ／ラーニングコモンズ コミュニケーションスペースの展開. ボイックス

6） ハイフレックス型授業とは、従来のブレンド型授業（オンラインと対面とを組み合わせた授業）を発展させた考え方で、学生が授業を対面で受けるかオンラインで受けるか、同期（リアルタイム）で受けるか非同期で受けるかを選択できる授業のことを一般的に指す。Brian J. Beatty（2019）Hybrid-Flexible Course Design: Implementing student-directed hybrid classes. https://edtechbooks.org/hyflex 等に詳細が記されている。

7） 向後千春・冨永敦子・石川奈保子（2012）大学における e ラーニングとグループワークを組み合わせたブレンド型授業の設計と実践. 日本教育工学会論文誌, 36（3）：281-290

8） 田口真奈・後藤崇志・毛利隆夫（2019）グローバル MOOC を用いた反転授業の事例研究：日本人学生を想定した授業デザインと学生の取り組みの個人差. 日本教育工学会論文誌, 42（3）：255-269；大浦弘樹・池尻良平・伏木田稚子・安斎勇樹・山内祐平（2018）歴史をテーマにした MOOC における反転学習モデルの評価. 日本教育工学会論文誌, 41（4）：385-402

9） 望月俊男・江木啓訓・尾澤重知・柴原宜幸・田部井潤・井下理・加藤浩（2003）協調学習における対面コミュニケーションと CMC の接続に関する研究. 日本教育工学雑誌, 27（4）：405-415

第 12 章

座談会　アクティブラーニング解説教材作成

1. 司会　小原優貴
   座談会参加者　中澤明子・福山佑樹
2. 司会　伊勢坊綾
   座談会参加者　小原優貴・福山佑樹・脇本健弘
3. 司会　伊勢坊綾
   座談会参加者　小原優貴・福山佑樹・吉田塁

1.　座談会：「＋15 minutes」作成

アクティブラーニング部門では、部門事業の一つとして、教授法・学習法に関する教材作成に取り組んでおり、2014 年にはアクティブラーニングの手法をまとめた「＋15 minutes（＋15)」を発行しています。この座談会では、「＋15」の作成に関わった中澤さんと福山さんに、教材作成の背景やねらい、工夫したこと、苦労したこと、アクティブラーニング手法に関する教員向けの教材作成の今後のあり方などについて伺いました。

図 1.「＋15 minutes」（表紙）

■　教材作成の背景

小原　　「＋15」が作成された背景には、授業時間が 90 分から 15 分増えて 105 分になったことがあったと思いますが、どのような経緯で、アクティブラーニング部門が「＋15」を作成することになったのか、

163

そこに至った背景やねらいなどについて教えていただけますか。

中澤　2014 年の春に部門会議で、「(2015 年度から) 授業が 15 分増える
ことになり、どう対応したら良いのか教員が困っている」という話
が共有されました。増えた 15 分を活用して、アクティブラーニン
グを効果的に取り入れる方法を紹介できれば、駒場キャンパスでの
アクティブラーニング普及の機会になるだろうということで、7 月
の教授会での配布を目指して、「＋15」という冊子を作成すること
になりました。部門では、それまで教員向けの教材として、部門が
管理・運営する駒場アクティブラーニング・スタジオ（KALS）の
学習環境を紹介する冊子を作成していたのですが、授業手法につい
ては、学習環境の使い方の説明にあわせて補足的に紹介する程度で、
中心的に扱ってはいませんでした。「＋15」は、105 分授業への対
応という枠組みを持ちつつも、汎用的な内容になっているので、よ
り教員に使ってもらえるだろうという想定がありました。

福山　その当時、「アクティブラーニング」という言葉は、高等教育や
教育工学を専門とする教員は知っていたと思いますが、一般の大学
教員にはまだそれほど知られていませんでした。「＋15」の参考資
料を見ても、まだ「アクティブラーニング」という名前でまとめた
書籍や資料がなく、様々な書籍にバラバラに載っていたような状態
だったので、「＋15」では情報をまとめようというねらいがありま
した。

小原　本当にこの 5 年ほどでアクティブラーニングに関する書籍はずい
ぶん増えましたよね。大学現場でも色々と変化があり、アクティブ
ラーニングを導入している場合は、シラバスにもその旨を明記した
りするようになりました。

■　工夫した点―手法の選択、構成など

小原　「＋15」では色々な手法が紹介されていますが、どういった観点
でここに掲載されている手法が選ばれたのでしょうか。

中澤　一部例外はありますけれども、「＋15」だから、15 分で簡単にで
きそうなものを中心に紹介しようというのはありました。大体、所

要時間 10 分から、15 分とか、20 分とかの手法を選びました。実際に、KALS で行われる授業で教員が取り入れている手法も紹介するようにしました。

福山　KALS で開講されていたアクティブラーニング手法を取り入れている授業の様子は、写真に収めていましたので、視覚的にも伝えることができ、紹介しやすいということがありました。Ball-toss、ポスターセッション、ピア・レビューなどがそうです。

中澤　ケース・スタディ、ロール・プレイも KALS の授業で取り入れられていました。

小原　写真があると、実際に導入したときの教室の様子などが分かり、イメージしやすいですよね。構成に関して、特に工夫した点はありましたか。

中澤　授業の「導入」「展開」「まとめ」といった場面ごとに使える手法を紹介する構成にしました。

福山　まず、授業をスムーズに始めるための手法、授業中に取り入れられる手法、最後の振り返りで導入できる手法、教室全体で使える手法といった感じで手法を使えるタイミングで分類しました。その後に、目次（図2）にあるような「ディスカッションの手法」「学生どうしの教え合い・学び合いの手法」といった項目名をつけていったように思います。

目次

* 105 分になると何が起きるのか？ ・・・・・ 6
・ 105 分授業実践の留意点 ・・・・・ 7
* 105 分をこう使う！ ・・・・・ 10
　+ 15 分の活動を取り入れる ・・・・・ 11
◇ 授業をスムーズに始めるための手法 ◇
　前時の復習、予習 ・・・・・ 11
　T・テスト（正誤テスト）・・・・・ 11
　クイズ（多肢選択式の質問）で理解度を確かめる ・・・・・ 12
　覚えていることや理解したことを相互に書き出す ・・・・・ 13
　学生の状態（事前知識）を知る ・・・・・ 13
　Background Knowledge Probe（背景知識の調査）・・・・・ 14
　教員と学生・学生どうしの関係構築 ・・・・・ 14
　インタビューと他己紹介 ・・・・・ 15
　自己紹介カードの作成 ・・・・・ 15
◇ ディスカッションの手法 ◇
　短時間でその場でできるディスカッション ・・・・・ 17
　Think Pair Share（個から全体へと広げる議論）・・・・・ 18
　Buzz Groups（グループでの議論）・・・・・ 19
　教室全体を使って行うディスカッション ・・・・・ 20
　Ball-toss（ランダムに話し手を指名する）・・・・・ 20
　Snowball（for discussion）（育てる形に人数を増やして議論する）・・・・・ 21
　Corner Exercise ・・・・・ 22
◇ 学生どうしの教え合い・学び合いの手法 ◇
　相互添削・評価 ・・・・・ 23
　ピア・レビュー ・・・・・ 23
　相互指導 ・・・・・ 24
　相互教授 ・・・・・ 24

◇ 振り返りの手法 ◇
　双方向性を高めながら振り返るツール ・・・・・ 25
　ミニッツペーパー ・・・・・ 25
　大福帳 ・・・・・ 26
　ワークシート ・・・・・ 26
　自分ひとりで振り返る ・・・・・ 27
　要約割付 ・・・・・ 27
　要約作成 ・・・・・ 28
　仲間と振り返る ・・・・・ 28
　ノートテイキング・ペア（協同でノートを作る）・・・・・ 29
　図形や構造化で振り返る ・・・・・ 30
　Affinity Grouping（概念を書き出してグループ化する）・・・・・ 30
　Word Webs（概念マップのグループ版）・・・・・ 31
　Group Grid（マス目に情報を整理する）・・・・・ 32
* 105 分だからこそできる活動 ・・・・・ 33
　学生どうしの教え合い・学び合いに行って
　知識獲得・内容理解を深める ・・・・・ 33
　ピア・インストラクション ・・・・・ 34
　ジグソー法（ジグソー・メソッド）・・・・・ 34
　授業の中で習得知識を応用する ・・・・・ 36
　ロール・プレイ ・・・・・ 37
　ケース・スタディ ・・・・・ 37
　問題解決学習（PBL：Problem-based Learning）・・・・・ 39
　時間をたっぷり使って意見を対話する ・・・・・ 40
　ポリロ（ポリロ　外部）・・・・・ 41
　ワールドカフェ形式 ・・・・・ 42
* 索引 ・・・・・ 44
* 参考文献・Web サイト一覧 ・・・・・ 46

Plus fifteen minutes.　　　　*Plus fifteen minutes.*

図 2.「＋15 minutes」（目次）

中澤　手法の説明には、学習科学などの知見も取り入れました。手法の理解に必要な情報をわかりやすく伝えるために、所要時間や授業形式、活動人数などの項目を作ってその見方を説明するページ（図3）も入れました。特に大講義で使える手法は、教員の関心があるところなので、「大講義への適合度」という項目も加えました。

小原　「大講義への適合度」は、次の座談会でご紹介する「＋15 実践編」でも活用させていただきました。

中澤　もう一つ工夫した点は「索引」（図4）で、手法に関する情報が一覧になっています。索引から逆引きができるというのも特徴になっています。

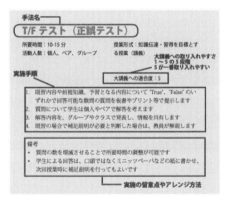

図 3. 「＋15 minutes」（p. 10）

図 4. 「＋15 minutes」（索引）

小原　それぞれの手法の目的（導入場面）と所要時間などがパッと見られて、自分の授業のねらいに適した手法を探しやすいようになっていますね。

■　大変だったこと、苦労したこと

小原　「＋15」を作成するにあたって、大変だったこと、苦労したことなどはありましたか。

中澤　5月中旬の部門会議で作成することが決まり、7月中旬か下旬に教授会で配布しているので、おそらく、6月中にはほぼ原稿が完成していたと思います。とても短い期間で進めたんです。

福山　この期間は、授業支援以外の時間はずっと作成にかかっていましたよね。1日1手法ぐらいの勢いで、原稿を書いていました。先ほども言いましたが、作成当時は、アクティブラーニング手法を一冊で概観できる書籍はなく、PBLやピア・インストラクションなどの手法の手順は論文などにバラバラに載っている状況でした。それをすべて同じフォーマットに統一して、わかりやすく書き換えるという作業が大変でした。

中澤　大福帳など、すでに特定の分野でよく知られている手法であっても、いざわかりやすく伝えようとすると難しいところがありました。学習科学などの研究知見を解説する点も、まとめ方に苦労しました。

小原　確かに、知ってたり、使ってたりする手法だけど、その効果や目的は何ですか、と改めて聞かれると、「＋15」に書かれているような内容をスラスラ説明できる教員はそう多いわけаではないように思います。ましてや研究知見をふまえた説明までは難しいですね。

■　学内外での反響

小原　「＋15」は教授会で配布することを念頭に作成されたと思うのですが、そのほかにも配布されたりしたのでしょうか。

中澤　最初は教養学部の教授会用に500部を刷ったところ、学内のほかの学部からのリクエストがあって1,000部ぐらいを増刷りした気がします。次年度から開始予定だった初年次ゼミナールの担当の先

生方にも配布していただきました。

福山　全教員に配布するためにまとまった数で送付依頼のあった学部も
ありましたね。結構、反響が良くて、その後、さらにもう一回、増
刷しています。

小原　学外での反響についてはどうでしょうか。

福山　学外から KALS の見学にいらっしゃった方には冊子をお渡しし
ていましたが、かなり好評だったように思います。授業時間の改革
は東大が先駆けて取り組みましたが、他大学でも授業時間の変更が
検討されるようになり、「＋15」をみた大学から講演の依頼が入っ
たこともありました。その意味では、「＋15」というネーミングで、
より参考にしていただけたところもあったのではないかと思います。
他大学で依頼された FD 講習会などで参考資料として紹介すること
もありましたが、コピーしたものを参加者全員に配布下さっていた
大学もありました。

中澤　他大学の FD 研修の資料で、「＋15」が参考になります、と紹介
されていたり、「＋15」をダウンロードできる部門のウェブサイト
のリンク[1] が入っているのはよく見かけますね。

福山　部門のウェブサイトからも、かなりの数がダウンロードされてい
るのではないかと思います。制限をかけずに公開したこともあり、
かなりインパクトはあったんじゃないかと思います。

■　アクティブラーニング手法に関する教員向け教材作成の今後

小原　教育の質を高める上で、教授法・学習法に関する教材は重要な役
割をもつと思うのですが、もし今後、アクティブラーニング手法に
関する新たな教材を作るとしたら、どのような教材を作りますか。

福山　今は当時と違ってアクティブラーニング手法をまとめた書籍がた
くさんありますので、あえて作るのであれば、もっと何かに特化し
たものがいいと思います。たとえば、授業の導入に使える手法集、
振り返りに使える手法集のような、授業の各場面に特化したものな
どが考えられます。特に今のようなコロナ禍では、大学の授業がオ
ンライン化しているので、各大学の学習管理システム（Learning

168

Management System: LMS）などを使ってできる振り返りの手法集とか、そういった各大学の文脈に合わせたものの方が喜ばれる気がします。

中澤　わたしも福山さんと同じような意見です。「＋15」は東大の授業時間が90分から105分になるということで、増える15分をどう効果的に活用できるかを紹介するねらいで作ったもので、それがたまたま色々な条件が重なって、ほかの大学などでも参考にしていただけました。実際には、大学によってそれぞれ状況やねらいが違うことがほとんどです。同じ「＋15」に書いてある手法でも、場面が違ったり、ねらいが違ったりすれば、見せ方は変わってくると思います。特に今だと、「＋15」に載っている手法をオンライン授業でどう実践できるかとか、そういった状況やねらいに合わせて紹介する冊子が役に立つように思います。

福山　例えば、Zoomのようなツールで、「Think Pair Share」はこうやってやりますというようなことが分かると有意義ですよね。

中澤　Affinity Groupingのような付箋紙を用いる手法をオンラインでしようとすると、こういうツールがありますとか、オンライン授業で活用できるツールなどを紹介するのも有意義なように思います。

小原　アクティブラーニング部門では、「オンラインでこそアクティブラーニング」と題して、オンラインでアクティブラーニングを取り入れる際に生じる課題や対策、具体例などを部門のウェブサイトで紹介していますが、今おっしゃっていただいたようなツールを活用した実践例などの情報も発信できれば、幅広い教育現場で役立ちそうな気がしました。貴重なご意見をありがとうございました。この座談会では、アクティブラーニング手法に関する教員向けの教材「＋15」の作成に関わった中澤さんと福山さんに、作成の背景やプロセスについてお話しいただきました。ありがとうございました。

アクティブラーニング部門の事業の一つである教授法・学習法に関する教材制作として、2014 年の「＋15」に続き、2015 年にはアクティブラーニングの手法であるポスターセッション、ジグソーメソッド（ジグソー法）、ピア・レビューを解説する映像教材を制作し、公開しています[2]。この座談会では、映像制作に携わった小原さん、福山さん、脇本さんの 3 名に、映像制作の背景や狙い、工夫したこと、苦労したこと、アクティブラーニング手法に関する教員向けの教材制作の今後のあり方などについて伺いました。

■ 教材制作の背景

伊勢坊 前の座談会でお話しいただきました「＋15」では、東京大学の授業が 90 分から 105 分に変更になったことに伴い、その 15 分でアクティブラーニングを導入してはどうかということで、アクティブラーニングの手法が紹介されています。その冊子に加えて映像をお作りになっていらっしゃいますね。映像を作りたいと思われたきっかけを教えてください。

福山 前年度に「＋15」を執筆したのですが、イメージがつき難いという話がありました。授業をされる先生方の中には実際にアクティブラーニング型授業を受けてこられなかった方もいらっしゃるでしょうし、ご自身が実践されたことがないこともあるかと考え、手法の実践方法がぱっと見て分かる教材を作るのはどうかと脇本さんと話した記憶があります。

伊勢坊 こちらの映像、2020 年 8 月現在でどの程度の再生回数か、ご存知ですか？

福山 知らないです。

伊勢坊 おおよそですが、1 万を超えているようです。

福山 すごいですね。

伊勢坊 私も最初に拝見した際、とても分かりやすいなと思いました。

福山 映像を制作しようとなり、すぐ脇本さんのお知り合いの動画制作

170

ができる制作会社の方（tnyu.inc）に来ていただいて、映像として
映える手法を選んで制作しようという打ち合わせをした記憶があり
ます。

伊勢坊　この映像は、構想から公開まで、どの程度の期間を要したのです
か？

小原　私が着任した 2015 年 4 月にはすでに構想があって、2015 年度の
部門の事業計画に盛り込んだ記憶があります。そこから実際に映像
が完成するまでは半年程かかったと思います。

■　工夫した点―手法の選択、構成など

伊勢坊　映像は、前半が手法を解説する CG で、後半は各手法を導入し
た模擬授業という 2 部構成になっていますね。工夫された点など、
お聞かせください。

小原　映像では、ポスターセッション、ジグソーメソッド、ピア・レビュ
ーの 3 つの手法を紹介していますが、前半の CG 部分では、手
法を使う際に知りたい手順や留意点（所要時間、準備するもの、どう
いう場面で使えるかなど）に関する情報がひと目でわかるように作
られています。ピア・レビューの模擬授業の映像撮影にあたっては、
学生役として協力してくれた参加者に「主体的な学びに必要な条件
とは？」というテーマの短いレポートを事前に書いてきてもらいま
した。撮影当日は、実際の授業のように、最初にレビューの観点を
スライドで見せてから、ペアになって相互にコメントをしてもらい
ました。

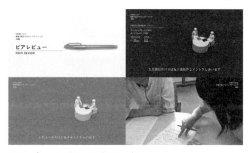

図 5. ピア・レビューの動画の一部

171

福山　ポスターセッションの映像制作では、「グループワークを円滑に進めるためには？」というテーマでディスカッションをしてもらい、ポスターにまとめてもらいました。どの映像も同じですが、特に事前に学生に指示することはなく、その場で時間を与えて話し合いをして、作成してもらいました。少し動画向きになるように、授業で作るポスターをよりビジュアル的に工夫して作ることだけお願いしました。

図6．ポスターセッションの動画の一部

脇本　ジグソーメソッドの映像制作では、学習観をテーマに実際に活動をしてもらいました。行動主義、認知主義、社会的構成主義という3つの学習観について、それぞれのエキスパートグループに分かれ、資料を読んでもらい、ホームグループで共有し、学びについて実際に考えてもらいました。その場できちんと時間をとって上記のジグソーメソッドの活動をしています。学生は、演技ではなく、その場できちんと時間をとって、本当に考えています。発表するという成果を求めていたので、大変だったのではないかと思います。また、各学生が担当する学習観がクリアファイルの色で識別できるように置いておき、当日、いきなり本番でディスカッションしました。学生もそのような撮影だと分かっていたので、普段よりは見栄えがいい工夫をしてもらう程度の指示を出しました。映像を撮影するために打ち合わせをしたのは、その映像の制作会社の人とだけで、学生とは事前の打ち合わせはありませんでした。

172

図7. ジグソーメソッドの動画の一部

伊勢坊　台本無しでされたと伺い驚きましたが、逆に自然な雰囲気になってよかったということですね。

■　大変だったこと、苦労したこと

伊勢坊　苦労したことはありますか？

福山　どちらかといえば模擬授業よりも CG の制作の方が大変でした。ジグソーメソッドの最初の CG、説明パートを分かりやすくするのが戦いでしたね。制作会社の方に作ってもらっては、何か違う、分かりづらい、といったことを何度もフィードバックした気がしますが、それ以外はあまり苦労した記憶がないですね。

小原　私も同じ印象です。模擬授業撮影後に何度も打ち合わせを重ねた記憶がありますが、取り立てて苦労したことというのはなかったように思います。

福山　教育のことも分かる制作会社の人に作ってもらえたことが良かったのだと思います。

脇本　ICT を活用した教育支援などに詳しい制作会社にお願いしました。高等教育の現場のことをよくお分かりですし、実践家で、大学でも仕事をされている制作会社でしたので、非常にスムーズにできたかと思います。

福山　模擬授業の撮影では、ジグソーメソッドのどこのシーンが必要か、今どこを撮らなければいけないか等も、こちらが指示しなくてもお分かりになるので、その意味では撮影が楽でした。ただ、内容に関

係のない点で細かい苦労はたくさんありました。例えば、撮影は夏に行われましたが、「撮影が始まったら、ファンの音が映像に入ってしまうので、空調を切る」と言われたのは大変でした。加えて、「季節感のない格好をして撮影」と言われていましたね。空調のない中でジャケットを着ていたので、とにかく暑かったのを覚えています。

脇本　撮影に不要なものはすべて見えないところに片付けるということになり、必死で家具、什器（じゅうき）を動かしたり、インタラクティブホワイトボードを分解したり、大変でしたね。

■　映像の活用

伊勢坊　この映像、ご自身の授業などでご利用になることはありますか？

小原　部門で開講した授業、「学生がつくる大学の授業　反転授業をデザインしよう！」（第8章参照）では、学生がアクティブラーニング手法を取り入れた授業を設計することを目的としていたので、この動画を予習課題として観てもらいました。3つの動画のうち、どの手法に関する動画を視聴するのか、予め担当を割り振っておき、対面授業では、異なる動画を担当した学生3人が1つのグループになって、それぞれが学んだ手法を相互に教え合う・学び合うジグソーメソッドを用いた活動をしました。

福山　私は、ファカルティ・ディベロップメント（FD）やアクティブラーニングに関する講演をする際には、ジグソーメソッドの動画を必ず使います。映像で見るととても分かりやすかったという反応をいただけます。

脇本　私もあります。ジグソーメソッドの場合、文章を読む状況で用いると効果的である場合があり、小中学校よりも高校の方が使われているので、高校の研修で手法の説明として使います。スライドを使ってジグソーメソッドを説明するよりも映像の方が分かりやすいですし、理解が早いです。おそらく、口頭で説明すると、具体例を挙げ、人がこのように分かれてと説明することとなり、時間がかかりますし、聞く側も分かったような、分からないような、という状態

になりがちです。ところが、作成した映像、CG の場合、動いたファイルの色で学生の動きが分かります。

福山　人が動く映像が CG であるところがいいですよね。他の FD の教材で、CG で動くものを見たことがない気がします。それに加えて、CG だけではなく、模擬授業パートもこだわって撮ったのがとても良かったと思っています。CG で見て手法の概要を理解した上で、さらに実際の教室で行うとこういう感じになる、ということがわかるようにしたのはよかったです。

伊勢坊　3 つの手法について授業や講演、研修の時間内で説明して分かってもらうということが大変な中で、小原さんの例のように、事前に数分の映像を見て理解できたら大変便利ですね。映像で紹介された 3 つはアクティブラーニングの代表的な手法で、どのように使うのかが分からなかったり、やり方を分かっていても実際どのような場面やケースで導入すれば学習効果を高めることができるのかまでは知らないこともあります。前半では CG で、後半は実際教員が導入するとどうなるのか、受講生はどのように動くのかがよくわかる映像だと思います。

■　映像評価を研究に

伊勢坊　制作した映像を評価し、福山さんが筆頭となって、研究成果を発表されていますね（福山・小原・脇本 2017）[3]。映像を先生方に見て評価をしてもらったものを分析されたということで、まず、映像評価を研究にしようと思われたのはなぜですか？

福山　CG と実写動画の組み合わせでアクティブラーニングを解説している FD 教材は先行事例になく新規性があるのではないかと思いました。教材がよくできたこともあり、教材の効果を評価してみたらどうか、ということを当時部門で話し合いました。

伊勢坊　調査において誰を対象にするかといったことは、どうされたのですか？

福山　大学教員歴が短い先生を対象にしたということで、教養教育高度化機構の若手の先生方に見ていただきました。

伊勢坊　映像を見る前と後にアンケート調査を実施し、ピア・レビュー、ポスターセッション、ジグソーメソッドの手法についての活動内容、準備、学習効果に関する知識の程度を測定されていますね。その結果、3つの手法ともに、質問で聴取した3項目のいずれか、もしくは全てにおいて、映像を見る前と後では有意差があったことが示されていました。つまり、見る前より見た後の方が手法についての理解ができているということが書かれていたかと思います。業務を研究にするということはこういうことなのだと大変勉強になります。論文をかかれたうえで苦労された点はありますか？

福山　論文は文字ベースの媒体ですので、文字でこの教材の特徴を伝えるのが難しかったです。最初はCGでモデルが動き、その後実写でのデモンストレーションを行うということを図とともに記載してはいますが、それでどの程度伝わるのかが難しかったです。文字で伝わりづらい内容を分かりやすくするために動画にしたので、その教材をまた文字で説明するというのが難しかったですね。

伊勢坊　なるほど。このような映像での手法の紹介、映像の評価といった研究は多いのですか。

脇本　あまり見ないですよね。作るのが大変なのかもしれません。

福山　学生を対象にした動画教材の研究はたくさんあると思いますが、FDをテーマにした研究となるとあまりないのかもしれませんね。

伊勢坊　なければなおさら、貴重な映像であり、研究成果ということですね。

■　アクティブラーニング手法に関する教員向け教材制作・作成の今後

伊勢坊　最後に、我々の部門で教員向けの教材を作る際のアドバイスがありましたらお願いしたいです。

脇本　台本がなく、模擬授業をしたことは良かったと思います。来てくれた人たちは普通の学生で、役者ではないので、「こう動いて」「こう話して」と言うと、不自然になる気がします。真剣に普段の授業のように授業をして、きちんと考えてもらい、発表してもらう。授業する私も、普通に授業としてコメントをしています。やはり本物

がいいのではないかと思います。

伊勢坊　自然にその場の相互行為を皆さんが楽しむということが大事ということですね。ありがとうございます。

福山　私は、動画にする必要があるか、といったことは検討するべき事項だと考えます。動画は冊子等に比べると制作コストが高いので、なぜ動画にしなければならないのか、何を映像にするのが妥当かを常に意識する必要があるかと思います。

小原　学生の活動を取り入れるアクティブラーニング型の授業では、手法の手順や所要時間に加えて、学生の動き方を理解した上で、授業をデザインする必要があります。動画であるかどうかにかかわらず、アクティブラーニングに関する教材は、学生目線を意識して作ることが大事になってくると思います。

伊勢坊　コロナ禍の今、アクティブラーニングに関する映像の教材を制作するならば、どういうものが求められるかなど、何かアイデアをお持ちでしたら教えていただけますか？

福山　私自身もオンラインでアクティブラーニングはあまり経験がないので、オンライン上でアクティブラーニングをやるときに学生はどのような動きをするのだろうなど、ほかの先生の実践例などが動画で見られたら参考になるかなという気がします。

伊勢坊　今後は、オンラインでの授業も展開されていくでしょうから、オンラインならではのことに特化していくなど、そのような方向を考えていけるといいのではないかと考えました。部門として教材をどのように発信していくのか、大変勉強になりました。本日は貴重なお話をどうもありがとうございました。

3. 座談会：「＋15minutes 実践編」作成

アクティブラーニング部門では、部門事業の一つとして、教授法・学習法に関する教材作成に取り組んでおり、2014 年には「＋15」を、その続編として、2017 年に「＋15 minutes 実践編（「＋15 実践編」）」を作成しました。この座談会では「＋15 実践編」の作成に関わった先生方に、作成の意図や背景、工夫した点、難しかった点などについて伺いました。

図 8.「＋15 実践編」（表紙）

■ 教材作成の背景

伊勢坊 「＋15」に続き、実践編を出そうと思われたきっかけを教えてください。

小原 「＋15」では、様々なアクティブラーニング手法が紹介されていますが、実際にこれらの手法がどのように授業に取り入れられているのかがわかる実践例に関する資料があれば、アクティブラーニング手法の導入や実践に関心のある教員に参考になるのではないかと考え、「＋15 実践編」の作成を提案しました。

吉田 アクティブラーニング手法を取り入れる際、難しい場合もあると思います。具体的に授業で導入してみて、うまくいったところとうまくいかなかったところがあるはずですし、そのようなものを教員の方々にインタビューして情報提供してもらうのはどうかと考えました。

福山 実践編を企画したのは東京大学の授業が 2015 年度以降 90 分から 105 分になり、1 年が経過したころでした。1 年経って、実際の授業がどうなったのか、そして教員や学生はどう感じたのかという情報も収集してまとめてはどうかと考えました。

伊勢坊 105 分授業になってからの 1 年で見られた変化や、アクティブラ

ーニング手法の効果的な実践方法の紹介という意味で、お作りになりたいと考えられたということですね。

■　工夫した点—手法の選択、構成など

伊勢坊　冊子の構成を見ると、前半では 105 分になることの教員や学生への影響について、後半では各授業での実践例が紹介されています。どのように内容を検討されたのか、内容も含めて少しご紹介いただけますか。

小原　105 分授業になることの教員や学生への影響は、「＋15」でも紹介していますが、「＋15 実践編」では、授業支援や授業などを通じて聞こえてきた教員や学生の反応や実践例をふまえて、内容を加えました。教員からは、105 分の授業準備が大変、長時間話すのに疲れてしまうという声もある一方で、90 分の時と比べると学生主体の学習活動に時間を使えるようになったという声も聞かれました。学生主体の活動時間を積極的に取ろうとすると、むしろ 105 分では足りないぐらいという声もありました。そこで、教員が授業で伝える知識量を減らさずに、学生主体の活動を取り入れられる方法として、動画教材を活用した反転授業を紹介したり、授業計画やタイムマネジメントに関する Tips を加えたりしました。また、長い授業でこそより重要になる学生の動機づけに有効な Tips の一つとして、当たり前のことではあるのですが、「授業の目的や位置づけを示す」ことについても触れました。

福山　学生インタビューの部分では、教員は学生が他の科目も受けていることを見落しがちであることを指摘しています。授業が 90 分から 105 分に延びた場合、1 日 4 コマ受講していたら、授業時間は 1 時間増えています。毎日、105 分

図 9.「＋15 実践編」（目次）

3

目次

＊本書の目的　・・・・・・・・・・・・・ 4
＊105 分になってどうなったのか　・・・・・ 5
　・学びを促す 105 分授業の実践　・・・・・ 6
　・105 分授業についての学生インタビュー　・ 9
＊105 分の使い方 —実践編—　・・・・・ 13
　Think Pair Share（個から全体へと広げる議論）・ 14
　ミニッツペーパー　・・・・・・・・・・ 18
　ピア・レビュー　・・・・・・・・・・・ 22
　ピア・インストラクション　・・・・・・ 26
　ジグソー・メソッド　・・・・・・・・・ 30
　ロールプレイ（演劇型発表）・・・・・・・ 34
　問題解決学習（PBL：Problem - based Learning）・ 38
　ポスターセッション（ポスターツアー）・・ 42
＊アクティブラーニング部門の活動と授業　46
　活動紹介　・・・・・・・・・・・・・・ 46
　学生がつくる大学の授業　・・・・・・・ 88
　伝える手ぶり　・・・・・・・・・・・・ 90

＊参考文献・Web サイト一覧　・・・・・・ 52

Plus fifteen minutes. —実践編—

×４コマで 420 分、つまり７時間講義を聞き続けるのは大変です
よね。オンライン授業で宿題が増えすぎて学生がパンクしていると
いう話がありますが、これは同じように、教員が自分の授業以外の
ことを見落としていることで起きていると思います。

伊勢坊　後半の「105 分の使い方―実践編―」は、さまざまな手法を導入
　　　　した興味深い授業が多く紹介されています。各教員にインタビュー
　　　　をしてまとめられたとのことですが、インタビュー項目はどのよう
　　　　に決定されたのでしょうか？

福山　　インタビューを進めながら、質問項目をそろえて、フォーマット
　　　　を決めましたが、ここが少し大変だったと思います。予備調査では
　　　　ないですが、数名の先生に先にお話をうかがい、そこからどのよう
　　　　な要素が読者に必要かといったことを小原さん、吉田さんと話し合
　　　　いながら、フォーマットを決めていきました。結果的に、授業の概
　　　　要、導入しているアクティブラーニング手法の概要に加えて、その
　　　　手法を実施して良かった点、実施して感じたデメリットや難しかっ
　　　　た点、実施する先生へのアドバイスが共通項目となっています。

伊勢坊　授業の概要の部分で、タイムスケジュールが掲載されているとこ
　　　　ろは、非常に勉強になると感じました。

吉田　　クラスデザインですね。実際に手法を導入しようと思った際に、
　　　　タイムスケジュールがわからないと、どのタイミングでどの程度介
　　　　入しているのかが分からないと思います。そのレベルの情報が実践
　　　　編だと特に重要かと思い、提案しました。例えば、ミニッツペーパ
　　　　ーの導入の場合、「＋15」には 5-15 分と記載してあります。その
　　　　上で、では、授業のどこに入れるのか、例えば、授業の冒頭に入れ
　　　　るのか、終わりに入れるのか、そのような記載こそ実践編に必要で、
　　　　読む側に有益な情報だと認識していました。

伊勢坊　紹介する授業や手法はどのように決めていかれたのでしょうか。
　　　　実践を紹介する中で、工夫された点などがあれば、教えてください。

吉田　　KALS の横にスタッフルームがあり、そこから KALS でアクティ
　　　　ブラーニング型授業を実践されている先生の授業を目の当たりに
　　　　でき、どの先生がどの手法をどのように導入されているかを把握し

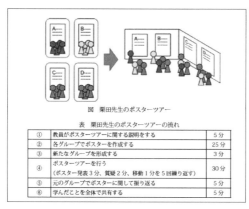

図　栗田先生のポスターツアー

表　栗田先生のポスターツアーの流れ

①	教員がポスターツアーに関する説明をする	5分
②	各グループでポスターを作成する	25分
③	新たなグループを形成する	3分
④	ポスターツアーを行う (ポスター発表3分、質疑2分、移動1分を5回繰り返す)	30分
⑤	元のグループでポスターに関して振り返る	5分
⑥	学んだことを全体で共有する	5分

図 10.「＋15 実践編」(p. 44)

ていたので、それによって判断することができました。また重要であり汎用性も高いので外せないといった手法はありましたので、そのような手法はこちらから先生にご依頼しました。例えば、私が授業支援に入っていた佐々田先生はミニッツペーパーをお使いでした。ミニッツペーパーは広く使えますし、アクティブラーニングの手法の１つとしても広める価値のある手法です。それで、インタビューをお願いしました。また、東京大学フューチャーファカルティプログラム（FFP）は、ジグソーメソッドとポスターツアーを組み合わせた特徴的な教育実践で、オリジナリティーという意味で良い事例ではないかということで、ご依頼しました。図解が重要なので、FFP の授業で説明する際に使われていた図を冊子にも使用させていただいています（図10）。

小原　私が授業支援をしていたダビッド先生の国際環境学コースの授業では、ほぼ毎回の授業で３〜４問の多肢選択問題を用いたピア・インストラクションを実施していました。この手法を用いることで、実際に学生の概念に対する理解が深まっている様子を目の当たりにしたため、ご協力をお願いしました。多肢選択問題の具体例をイメージできるように授業で実際に学生に課している多肢選択問題のスライドを「＋15 実践編」に掲載させていただきました。

ピア・レビューについては、汎用的な手法ですが、マニナン先生

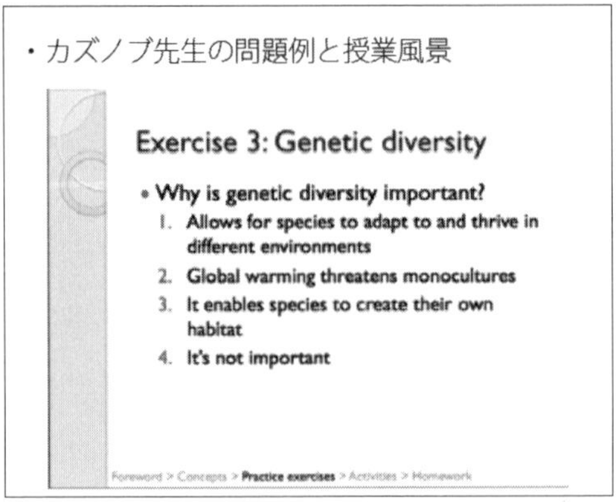

図11.「＋15 実践編」(p. 29)

の担当する科学論文の執筆を目的とする ALESS の授業では、論文の各パート（序章、方法、結果、考察と要旨）のドラフトとそれらをまとめた論文の完成後に、都度、ピア・レビューが取り入れられていました。また、学生によるレビュー結果の一部が成績評価の対象にも入るということで、ピア・レビューの応用編をご紹介いただく目的で依頼しました。

福山　ジグソーメソッドについては映像教材でも紹介しましたが、具体的な実践の解説をするという点で「＋15 実践編」の中でも事例があったほうがよいのではないかということになりました。またロールプレイング型の授業では、学生が企業などからもらったテーマについて取り組む中で、ロールプレイ型の発表をしていました。実践編の冊子の中に、学生が帽子を被って演じている写真があるのですが、これは帽子によって決まった役割を演じる様子を撮影したもので、手法を用いた授業の様子を視覚的に紹介できる事例になりました。

伊勢坊　手法の重要性や汎用性を判断できること、手法を導入している授業やその効果を知っていること、この両方がなければ、「＋15 実践編」のような形にすることは難しいのではないかと思います。教材を作成する過程を振り返って、良かった点などはありましたか。

182

福山　インタビューでは教員が暗黙知的に実践していることについて、

改めてその実践の意図を言語化していただき、他の先生方にも有益
となる実践事例を紹介することができたと思います。

小原　私も全く同感です。授業支援を通じて、何度も見ている授業では
ありましたが、その授業の前後で教員がどのような準備やアフター
フォローをしているのかまでは考えが及んでいませんでした。授業
の一環として、教室の外での教員の活動についても触れて紹介でき
たことは良かったと思っています。

■ 冊子の活用

伊勢坊　この冊子をご自身の活動でお使いになることはありますか？

福山　私は、授業時間変更に関するFD講演の依頼を頂くことが時々あ
るのですが、導入部分の「105分になってどうなったのか」という
学生インタビューの部分を必ず使います。実際105分授業になっ
て学生はどう思っているかということは、当時、どの大学も知らな
い内容だったと思われます。講演では「105分ひたすら先生が話し
て板書し続ける授業は写経でもしているような気持ちになる」とい
う学生の本音を紹介していますが、先生方には興味深く聞いていた
だけていますね。また、学生から「少しでもアクティブラーニング
的な要素があると講義にもまた集中できる」という意見がありまし
たので、「授業の延びた時間を使ってアクティブラーニングをやっ
てみませんか？」という導入として使っています。私は文系科目の
担当で、講演で自分の実践を話すと理系のエピソードが薄くなりが
ちですので、「＋15実践編」では理系の先生の実践事例も紹介して
いるため、紹介しています。

小原　私も講演で紹介することがありましたが、それ以外では、授業で
「＋15」や「＋15実践編」で紹介されている手法を用いる際に、事
前に学生に読んできてもらい、手順を理解しておいてもらうことが
あります。

吉田　直接的には残念ながら使っていないのですが、今、オンライン授
業の良い実践例を全学的に収集し、それを皆さんに提供して、Ａセ
メスターからの授業に活用していただこうとしています[4]。この時、

何をポイントにインタビューするかを検討する際に、「＋15 実践編」の構造を再確認しました。実際、このグッドプラクティスの情報の中にも授業のタイムスケジュールを載せています。

伊勢坊　構造がしっかりしていればいろいろな形で応用できますね。

吉田　本質的なところで参考になっていますね。

伊勢坊　私は、この冊子が出た後にアクティブラーニング部門に着任しましたが、授業時間を 90 分から 100 分に変更する大学が増える時期と重なり、いろいろな大学から「＋15」「＋15 実践編」について問い合わせを頂きました。学内の研修などで使われているそうです。東大はいち早く授業時間を長くして、それに準じて「＋15」「＋15 実践編」をタイムリーに作られたことが非常に意義深いと感じました。授業時間の変更、オンライン授業など、授業の在り方が変化していく中で、求められる冊子や教材を作っていくことが部門として大切だと学ばせていただきました。本日は貴重なお話をどうもありがとうございました。

（注）
2) https://todai.tv/contents-list/2015FY/komex （accessed: 2020.9.25）
3) 福山佑樹・小原優貴・脇本健弘（2017）アクティブラーニング型授業手法を教員が学ぶための動画教材の制作と評価. 日本教育工学会論文誌，40：165-168
4) オンライン授業・Web 会議ポータルサイト @ 東京大学「グッドプラクティスの共有」https://utelecon.github.io/good-practice/ （accessed: 2020.9.25）

東京大学のアクティブ
ラーニング
——総括と展望

伊勢坊綾・中澤明子・星埜守之

　本書は、「東京大学のアクティブラーニング」と題し、教養教育高度化機構アクティブラーニング部門が設置された 2010 年以降に主として駒場キャンパスで開講されたアクティブラーニング型授業を紹介してきた。以下では、本書を振り返る。

1. 各章の内容

　第 I 部では「アクティブラーニング型授業」の具体例として、人文・社会科学、自然科学、教育手法開発の各分野から 9 つの授業を取り上げ、授業の内容やアクティブラーニングを実践する上での工夫を紹介した（表1）。アクティブラーニング型の教室空間の活用、効果的な手法の導入など、各教員によって綿密に検討された授業が展開されていることがおわかりいただけるだろう。

　第 II 部は「アクティブラーニング型授業を支える取り組み」とし、3 章で構成した。第 10 章は、アクティブラーニング部門のティーチング・アシスタント（TA）による授業支援に関する紹介である。アクティブラーニング型授業におけるテクニカルな支援の実態、TA の経験が自分の研究やキャリアを考える上でどのように役立つか、現役の TA 4 名に語っても

表 1. 第 1 部で紹介した各章の内容

章	対象	内容	用いている主な手法
1	1年生	「「名所」の今昔」というテーマを設定。地誌を参考に「名所」の古典における描かれ方を考察し、併せて今の姿に至る変遷を調査する	Think Pair Share
2	1・2年生	国際研修の準備として「平和と安全保障」に関するトピックをとりあげ、研修先の政治・社会について学び、研修で共同生活する履修者同士が互いの能力・適性を理解し合い補い合う素地をつくる	プロジェクト学習
3	全学年	模擬国連の会議、会議前の調査・分析や会議後のふりかえりを通じて、国際関係の知識と合意形成の技能の習得を目指す	ロールプレイ
4	1年生	身近に存在する「水」に関する特異な現象や水中で起こる分子認識や分子自己集合について化学の視点から議論し、溶媒としての水の役割や特異性、分子間相互作用に関する理解を深める	グループワーク
5	1年生	植物多様性をテーマとし、国際多様性データベースを利用しながら、環境学、または生態分類学の論文執筆を学ぶ	ジグソーメソッド
6	全学年	事前に動画教材で web プログラミングに関する基本知識を習得し、授業内ではそれらの知識を応用するワークを行う反転授業で学ぶ	反転授業
7	大学院生	将来、教員として担当するであろう授業科目を題材とし、シラバスを作成、模擬授業を実施する	ポスターツアー
8	1・2年生	「反転授業」について学び、知識伝達型の授業を学生が学習者目線で反転授業形式にデザインし、実践する	反転授業
9	全学年	SDGs について高校生が効果的に学べる授業を設計し、SDGs についての自分自身の学びを深める	グループワーク

らった。また、TA の経験が若手教員の教育実践にどのような影響をもたらしているのか、KALS 等で TA として授業支援を担当し、現在、教員としてアクティブラーニング型授業を展開している 2 名の教員から、話を伺った。

　第 11 章は、アクティブラーニング部門の新旧スタッフによる対談である。部門設置当初、特に ICT を活用した授業支援のための TA が求められ、その育成に取り組んできた経緯が示された。その過程で、テクニカル面への支援を業務とする TA の学びに関する研究成果を発表したことが紹

介された。また、COVID-19 を経た授業において、KALS は実験的教室として新しいことに挑戦可能な空間になりうることが示された。

第 12 章では、アクティブラーニング部門の事業の一つとして取り組んできた教授・学習法に関する教材作成に携わった新旧部門スタッフの座談会である。2014 年にはアクティブラーニングの手法をまとめた「＋15 minutes（「＋15」）」を、2015 年にはアクティブラーニングの手法を解説する映像教材を、2017 年に「＋15 minutes 実践編（「＋15実践編」）」を作成しており、作成の意図、背景、工夫などを話してもらった。

このように、第 1 部では東京大学の教員が学生の学びをどのように促すか、その仕組みが明らかにされ、第 2 部では、教員が作るアクティブラーニング型授業をどのように支援するか、支援体制や教材といった観点から活動を紹介してきた。

---

2. 授業改善の軌跡

授業改善の軌跡が記されている点は本書の特徴の一つだといえる。ここでは、3 通りの改善方法を確認していこう。

第 1 に、授業を展開する中での教員自身の気づきによる改善である。例えば、第 4 章では、似たような関心を持つ学生でグループ分けを行ったところ、同じ課題に関心を持つ人同士で質の高い議論を実施することはできたものの、未解決の問題には十分に取り組むことができなかったという自身の気づきがあった。そこで次年度からは、講義内容の全面的な見直しを行ったことが示されている。

第 2 に、履修者からのフィードバックを踏まえての改善である。例えば、第 7 章では、修了生から授業改善のための勉強会の開催を提案されたことが示されており、勉強会が開催されていること、またその勉強会での議論を踏まえて授業の流れ等に変更が加えられたことが述べられている。

第 3 に、履修者、教員以外で授業に関与する TA やオブザーバーからの助言による改善である。例えば、第 3 章では、模擬国連会議の準備段階における Policy Paper の作成において、根拠として引用を示すように学生に指導してはどうかという TA からの提案を採用し、その結果、Policy

Paper の質の向上にも一定程度繋がったことが示された。

　以上より、教員、履修者、TA などの授業支援者が、より能動的に授業に関わり、良い授業を目指すという姿が改善の特徴であることがわかるだろう。特に、教員は自身の教育活動を常に意識し、他者からのフィードバックに真摯に耳を傾けている様子を垣間見ることが出来る。

　改善は、毎回の授業で行われるもの、学期終了時に行われるものと、二つのパターンがある。毎回の授業で行われる改善は、第 7 章で紹介されているとおり、履修者の既有知識、モチベーション、関心の程度などに関連するもので、履修者の参画度や様子をより詳しく把握する必要がある。そのために TA を有効活用しながら、クラス全体の状態を把握することが求められ、「その時、その場にいる履修者のために最も良い授業をつくる」ことを目指すものとなる。時間配分、内容、グループの人数等の授業中の改善は多くの教員が実践していることであると想定されるが、それらを授業改善だと認識している教員はさほど多くないのではないかと考える。自らの実践を改善の一部だと位置づけることも重要であろう。学期終了時に行われる改善は、学生の学習成果を踏まえたものであり、次年度も同様の授業を行う際の授業設計に活かされる。第 1 部で示された改善の軌跡をそれぞれの授業の参考にしていただければと考える。

3. 東京大学におけるアクティブラーニングの展望：効果を発揮させる支援

　第 1 部で紹介した 9 つの授業例はいずれも KALS 等のアクティブラーニング型教室で実践されたもので、アクティブラーニングの手法が盛り込まれている。

　アクティブラーニングという言葉は 19 世紀中頃からアメリカを中心とする文献において見られている（山内 2018）[1]。日本では、2012 年の「新たな未来を築くための大学教育の質的転換に向けて〜生涯学び続け、主体的に考える力を育成する大学へ〜（答申）」（中央教育審議会）以降、大学教育の質の向上という観点からアクティブラーニングへの注目が高まり、実践が増えてきた。本書で紹介した通り、東京大学においても同様である。

　アクティブラーニングの有効性については、さまざまな研究で明らかに

されている。例えば、Deslauriers, Schelew & Wieman (2011)[2] は、大学の物理学の科目で、経験豊富な講師による一方向の授業より、経験の少ない講師による双方向の授業を受けた学生の成績が高く、授業への積極的な参加が認められたことを明らかにしている。そのほかにも、学習科学や過去の教育実践の研究をまとめ、アクティブラーニングの有効性を述べた論文 (Prince 2004[3], Michael 2006[4]) などがある。ピア・インストラクションや反転授業など、個別の手法まで含めると多数の研究が世界中で行われ、成績などの学習成果や学習者の心理へのポジティブな影響が確認されている。

　しかしながら、アクティブラーニングの手法を導入するだけで教育効果が出るわけではない。松下 (2015)[5] は、アクティブラーニングにおいて、教育目標に合致しない授業活動が実践されていることなどを指摘している。アクティブラーニングの手法の導入に関しては、到達目標に対して導入する手法が検討されるべきであり、手法を導入すればよい、ということではないことに留意する必要がある。山内 (2018) は、アクティブラーニングの方法を3つのレベルに分類している[6]（図1）。この分類は、アクティブラーニングの方法を3つのレベルに分類したものではあるが、目的・意図にあわせた手法の選択の参考にもなるであろう。

> レベル3：問題の設定と解決
> 例：問題基盤型学習・プロジェクト学習

> レベル2：葛藤と知識創出
> 例：相互教授・協調学習

> レベル1：知識の共有と反芻
> 例：ミニットペーパー・自由記述

図1. アクティブラーニングの方法に関する3レベル（山内 2018）

　また、到達目標にあわせた方法としてのアクティブラーニングの実施であるならば、アクティブラーニングによって学生が目標に到達できたかを評価しなければならない。松下 (2016)[7] は、アクティブラーニングはあくまで教授・学習の方法にすぎず、目的－内容－方法－評価のつながりの方法として実施され、そして評価を行うことが重要と述べている。福

山・山田（2018）[8] は、高等教育におけるアクティブラーニング実践の論文をレビューし、「育成したい能力と知識」と「授業デザイン」を対応させることの重要性に触れた上で、それらと評価方法との繋がりを明示した論文が少ないことを述べている。アクティブラーニングによって目標に到達したか、それをどのように評価するかを検討せねばならない。

さらに、アクティブラーニングを導入した授業における教員の役割、授業運営も重要な要素である。授業中の教師（教員）は「アクターとしての教師」であり、学習者とやりとりを行い、授業計画と実際の状態の差異などから授業内容や授業運営について意思決定している（吉崎 1997）[9]。これは初中等教育を対象とした研究であり、必ずしも大学の授業にそのままあてはまるものではないかもしれない。しかし、アクティブラーニング型授業では、学習活動への学生の参加の仕方や時間配分などが想定と異なることはよくある。また、話し合いの程度や内容を把握し、必要に応じた情報提供や問いかけが求められることもある。授業の状況を見定め、瞬時に意思決定して授業を運営することは、大学のアクティブラーニングにおいても重要と言える。

アクティブラーニングの効果を最大限に引き出すためには、授業でこれらの要素を意識しなければならない。目的に合わない手法を導入したり、評価を意識しないのであれば、「形だけのアクティブラーニング」になってしまい、意味をなさなくなってしまう。また、うまく授業デザインできていたとしても、ファシリテーションなどが不十分だと、効果を発揮できない。

本書で述べた通り、アクティブラーニング部門は、学習環境や人的リソースという観点から支援を行ってきた。これまでに、目的にあわせたアクティブラーニング手法の選択を支援しうるリソース（例：「＋15」）を提供し、授業運営についての相談に乗ることもあった。より一層、目的－内容－方法－評価の繋がりの観点や授業運営に着目した支援を強化することが重要となるであろう。本書でも多くの実践を紹介した通り、アクティブラーニング部門ができた約10年前と比べるとアクティブラーニングを取り入れた授業が当たり前になりつつある。そのような今だからこそ、アクティブラーニングの効果を最大限に発揮させる支援を提供し、「形だけ

のアクティブラーニング」に陥らないようにしなければならない。

4. 東京大学のアクティブラーニングの展望：オンラインの活用

　また、これからのアクティブラーニングにおいて無視できないのがオンラインの活用である。2020年度はCOVID-19の影響を受け、駒場キャンパスでは、Sセメスターはすべての授業がオンライン、Aセメスターは一部対面授業となったものの、オンライン授業が大部分を占めている。オンライン授業という制約の中でアクティブラーニング型授業をどのように展開、工夫してきたか、本書で紹介された各章での実践を振り返りながら、今後のアクティブラーニングの展望について考えてみたい。

　まず、オンライン授業の実施に伴い、東京大学ではZoomの使用が推奨された。アクティブラーニング部門では、2020年4月に全入学生を対象にZoomの基本的な使い方を体験してもらう講習会を25回にわけて開催し、学生のオンライン授業への不安の軽減を目指した。

　その上で、各教員によるオンライン授業が展開された。オンライン授業で重要なことは大きく二つある。

　一点目は、オンライン会議システムの機能やオンラインのサービスなどの活用である。教員は、ITC-LMSやGoogle Classroomで資料を配布し、授業でのグループ分けはZoomのブレイクアウトセッション機能を用い、質問はチャットやslido（匿名で投稿可能）で受け付けていた。学生は、グループワークにおいてオンライン会議システムのホワイトボード機能やGoogleのプレゼンテーションのファイルをオンラインで共有しながら作業を行い、授業終了後に提出するリアクションペーパーをGoogle Formsで登録した。授業は収録され、インターネット回線の都合で授業に参加できない学生も、授業後に収録された動画を見ることも可能となった。このように、様々なオンラインの機能・サービスを以前と比べて全面的に活用せざるを得なくなった。

　こうした機能・サービスの活用は、教員学生にとってもメリットがある。教員は学生の出席管理や提出物管理が容易になり、学生は必要に応じ授業動画を見ることが可能になった。Zoom等のシステムの録画機能は、反

転授業用の動画教材制作にも役立つ。このように、オンライン授業でアクティブラーニング型授業を展開することは、対面とは異なるメリットも見いだされている。一方で、グループワーク時に全グループの様子を把握できなくなるという困難もある。メインルームにいる教員の声は各グループには届かず、また、各グループの進捗は教員がグループに参加しないと把握できないという課題がある。その課題を乗り越えるために、第7章で紹介された例が参考になる。第7章では、グループワーク時に Google Drive における各種 Google のファイル（Doc や Sheet, Slide）を各グループに割り当てて、このワークシート上にグループワークの成果を可視化してもらう形式を採用しており、講師はブレイクアウトセッションそのものを巡回することなく、これらのワークシートを巡回することで各グループの進捗を把握できることが示された。ブレイクアウトセッションでのグループワークの進捗を把握することに苦慮している教員は多いと想定されるため、この実践が参考になることが期待される。

　二点目は、対面できない学生同士の交流を深めるための工夫である。オンライン授業では受講生同士が顔を直接合わせないため、授業の「場」を温めることが、対面の授業に比べて重要となる。そのための工夫として、アイスブレイクの導入があげられる。学生同士の交流を促すような YouTube 動画を教員が作成し、動画を視聴した上で学生をグループに分け、動画の振り返りを行うといった工夫（第5章）や、ペアでの自己紹介の後に「他己紹介」を設け他者理解を促す仕組みの導入（第9章）が紹介された。また、段階的に心を開示できるような仕組みの導入もあげられる。アイスブレイクでの質問において、選択肢を設けたものから始め、次第に考えて答えるオープンクエスチョンを織り交ぜる段階的な工夫や、まずはペア、次にペアを組み合わせた4人グループなど、話しやすい環境を段階的につくる設計（第7章）が提示された。

　2020年度は、COVID-19 の影響を受け、オンライン授業を実施する中で、個々の教員の工夫や苦労、奮闘により、授業が成立してきたともいえるだろう。しかし、本書を読み進めるにつれ、これらの奮闘はネガティブな意味のみならず、教員の「挑戦」としてポジティブにも記されていることに気が付かれた読者もいるであろう。COVID-19 が教育に与える影響

は正負ともに甚大なものであり、今後、新しい教育のあり方について議論が進むことが想定される。ここで、アフターコロナのアクティブラーニングの在り方について、第11章から紹介して結びに変えたい。

　第11章では、KALSの今後の展開について、対面とオンラインとを組み合わせたブレンド型授業への対応や実験的空間としての価値について言及している。これは、2020年度のオンライン授業を踏まえたものでウィズコロナを意識したものであるけれども、アフターコロナにおいてはどうなるであろうか。オンライン授業はなくなるのだろうか。いや、オンライン授業は程度の差はあったとしても継続し、対面授業でもコロナ以前よりICTの活用が増えることは容易に想像できる。その時に、何が起こるであろうか。アクティブラーニングの観点から考えてみたい。

　まず、オンライン授業についてである。先述のようにハイフレックス型授業[10]への期待が聞かれるようになった。ハイフレックス型授業では、自然災害や感染症といった健康危機などの影響で大学キャンパスの正常な運営が脅かされる場合にも授業を継続でき、授業への複数の参加方法を提供することで多様な学生（たとえば障がいがある学生や自宅が遠方にある学生、仕事を持つ学生など）の学習が支援されうる（EDUCAUSE Learning Initiative 2020）[11]。一方で、ハイフレックス型の授業は、複数の受講形態があり、教員はそれぞれに対応した配慮が必要になるため、負荷が高くなる。たとえば、教員は対面やオンラインそれぞれで効果的な学習を行える授業を設計して教えたり、すべての学生に平等に学習を提供するために作業量が多くなり、教員のトレーニングやICTの利用のサポートが必要となる（Beatty 2019[12]、EDUCAUSE Learning Initiative 2020）。ハイフレックス型授業という手法を取り入れれば解決するのではなく、授業デザインや授業運営をしっかりと行わねば効果的な学習を実現できない。学生が柔軟に授業形態を選択するハイフレックス型授業とまではいかずとも、Zoomを使ったりオンデマンド講義動画を用いたオンライン授業において、効果的な学習をどのように実現するかの意識はより高まるであろう。その結果、オンライン授業におけるアクティブラーニングには今以上に焦点があたることが推測される。アクティブラーニング部門は、これまで、KALSを中心とする対面授業でのICTを活用したアクティブラーニングやそのた

めの支援に取り組んできた。これからは、KALS という学習空間に加えて、オンラインという学習空間におけるアクティブラーニングの支援が求められる。

　次に、対面授業についてである。この1年間で多くの教員が Zoom 等を使って映像配信したり、講義動画を収録できるようになった。コロナ以前からは考えられないような変化である。作業量の増加といった声も聞かれるものの、アフターコロナにおいても収録済みの講義動画の活用や制作を継続する教員も一定数いるのではないだろうか。その時、対面授業における反転授業が増えることが推測される。また、オンライン上の学習リソースや学習活動と、教室での学習活動を接続するため、対面授業における ICT（オンラインツールを含む）の活用がコロナ以前より増えるのではないか。アクティブラーニング部門が拠点とする KALS は、ICT を活用したアクティブラーニング型授業の展開のための什器、機材、ネットワーク環境を完備しており、授業を実施してきた。KALS やアクティブラーニング部門のこれまでの取り組みや知見は、アフターコロナの対面授業においても有用となるであろう。

　序章では、アクティブラーニングを「資料・データ・情報・映像などのインプットを、読解・ライティング・討論を通じて分析・評価し、その成果を統合的にアウトプットする能動的な学習」と述べた。インプット、プロセス、アウトプットのそれぞれにおいて、ICT をどのように活用し、効果的な学習を実現できるか。アフターコロナの新しい教育、新しいアクティブラーニングを考えるために、当部門、KALS という空間は今後も駒場キャンパスの授業を支援し、ひいては学生の学びのために、新たな授業のあり方を探究し続けるであろう。

（注）
1) 山内祐平（2018）教育工学とアクティブラーニング. 日本教育工学会論文誌, 42 (3)：191-200
2) Deslauriers, L., Schelew, E. & Wieman, C. (2011) Improved Learning in a Large-Enrollment Physics Class. *Science*, 332(6031)：862-864
3) Prince, M. (2004) Does active learning work? A review of the research. *Journal of Engineering Education*, 93(3)：223-231
4) Michael, J. (2006) Where's the evidence that active learning works?" *The*

America Physiological Society, 30：159-167

5)　松下佳代・京都大学高等教育研究開発推進センター 編著（2015）ディープ・アクティブ・ラーニング. 勁草書房

6)　山内（2018）によると，上位レベルの方法は，下位レベルの方法を道具的に使用することがあり，プロジェクト学習において協調学習を行ったり，協調学習において学習者の意見を聞き言葉で共有したりすることである.

7)　松下佳代（2016）第1章 アクティブラーニングをどう評価するか. 溝上慎一 監修，松下佳代・石井英真 編集 アクティブラーニングの評価. 東信堂 pp. 3-25

8)　福山佑樹・山田政寛（2018）高等教育におけるアクティブラーニング実践研究の展望. 日本教育工学会論文誌，42(3)：201-210

9)　吉崎静夫（1997）デザイナーとしての教師 アクターとしての教師. 金子書房

10)　対面授業を配信するだけでは，ハイフレックスの定義を満たさず，学習経験の再概念化や，教員と学生，学習内容，学生どうしがどのように関わるかを再考する必要がある（EDUCAUSE Learning Initiative 2020）. そして，それを反映した授業をデザインし，カリキュラムを組織する（EDUCAUSE Learning Initiative 2020）.

11)　EDUCAUSE Learning Initiative（2020）7 Things You Should Know About the HyFlex Course Model. https://library.educause.edu/resources/2020/7/7-things-you-should-know-about-the-hyflex-course-model（accessed: 2020.12.4）

12)　Beatty, B. J.（2019）Hybrid-Flexible Course Design（1st ed.）. EdTech Books. https://edtechbooks.org/hyflex（accessed: 2020.10.23）

あとがき

　2010年に教養教育高度化機構アクティブラーニング部門が設置されてから早10年。2007年に駒場アクティブラーニングスタジオ（KALS）が設置されてから15年近く経ちます。この間、アクティブラーニングをめぐって様々な動きがありました。大学はもちろんのこと、初中等教育においてもアクティブラーニングが注目されるようになりました。また、KALSのようなアクティブラーニング教室が日本中の大学に広がりました。

　この10年間、アクティブラーニング部門は、多くの授業に携わってきました。手元の資料を確認するとKALSで実施された、のべ230以上の授業を支援してきました。本書では、それらの実践や授業支援の一端をお伝えしました。くわえて、具体的な取り組みを紹介しながら、アクティブラーニングの有効性と実施における注意点、必要な支援についても述べました。能動的な学びの豊かな世界を堪能いただけたでしょうか。

　本書が、これまでアクティブラーニングに取り組まれてきた大学関係者の皆さまや、これから取り組まれたい、あるいはヴァージョンアップしたいとお考えの方々の一助となれば幸いです。

　本書の刊行においては、多くの皆さまのお力添えがありました。第Ⅰ部で取り上げた授業の履修者である学生の皆さん、授業を支援してくださったKALS TAの皆さんなしでは、本書は成り立たなかったかと思います。また2010年にアクティブラーニング部門が設置された当初の部門長であった永田敬先生、特任助教を務められた林一雅先生、KALSの運営に携わってくださっているKALS運営委員会の先生方にも御礼申し上げます。

　最後に、本書の企画・編集に際しては、東京大学出版会・阿部俊一さんに大変お世話になりました。心より感謝申し上げます。

2020年12月
東京大学大学院総合文化研究科・教養学部附属教養教育高度化機構
アクティブラーニング部門

執筆者・座談会参加者紹介
（執筆順）

山口和紀（やまぐち かずのり） 序章
　　東京大学大学院総合文化研究科教授　　専門：情報科学

齋藤希史（さいとう まれし） 序章
　　東京大学大学院人文社会系研究科教授　　専門：中国古典文学、東アジアの古典
　　と近代

星埜守之（ほしの もりゆき） 序章、終章
　　東京大学大学院総合文化研究科教授　　専門：現代フランス文学、フランス語圏
　　文学

網野徹哉（あみの てつや） 序章
　　東京大学大学院総合文化研究科教授　　専門：ラテンアメリカ社会史

田村隆（たむら たかし） 第1章
　　東京大学大学院総合文化研究科准教授　　専門：日本古典文学

岡田晃枝（おかだ てるえ） 第2章
　　東京大学大学院総合文化研究科准教授　　専門：国際関係論、中央アジアの政治

中村長史（なかむら ながふみ） 第3章、第9章、第10章
　　東京大学大学院総合文化研究科特任助教　　専門：国際政治学

平岡秀一（ひらおか しゅういち） 第4章
　　東京大学大学院総合文化研究科教授　　専門：超分子化学、分子自己集合

Diego Tavares Vasques,（タヴァレス・ヴァスケス・ジエーゴ） 第5
章、第10章
　　東京大学大学院総合文化研究科特任講師　　専門：植物分類学、分子系統学、科
　　学教育

吉田塁（よしだ るい） 第6章、第8章、第12章
　　東京大学大学院工学系研究科・大学総合教育研究センター准教授　　専門：高等
　　教育開発、教育工学

栗田佳代子（くりた かよこ） 第7章
　　東京大学大学院教育学研究科准教授　　専門：高等教育、教育工学

小原優貴（おはら ゆうき） 第8章、第9章、第10章、第12章
　　日本学術振興会特別研究員RPD　　専門：比較教育学、南アジア地域研究

福山佑樹（ふくやま ゆうき） 第8章、第12章
　　関西学院大学教務機構ライティングセンター准教授　　専門：教育工学、ゲーム
　　学習

伊勢坊綾（いせぼう　あや）　第9章、第10章、第11章、第12章、終章
　　東京大学大学院総合文化研究科特任助教　　専門：組織行動論、人的資源管理

宮川慎司（みやがわ　しんじ）　第10章
　　東京大学大学院総合文化研究科博士課程　　専門：フィリピン地域研究、貧困研究

田中李歩（たなか　りほ）　第10章
　　東京大学大学院総合文化研究科博士課程　　専門：マレーシア地域研究、教育社会学

九島佳織（くしま　かおり）　第10章
　　東京大学大学院総合文化研究科博士課程　　専門：比較政治学、民主化研究

須藤玲（すどう　れい）　第10章
　　東京大学大学院教育学研究科博士課程　　専門：国際教育開発学、比較教育学、東ティモール

中澤明子（なかざわ　あきこ）　第11章、第12章、終章
　　東京大学大学院総合文化研究科特任准教授　　専門：教育工学

脇本健弘（わきもと　たけひろ）　第12章
　　横浜国立大学大学院教育学研究科准教授　　専門：教育工学、教師教育、教育経営

東京大学のアクティブラーニング
——教室・オンラインでの授業実施と支援

2021 年 3 月 25 日　初　版

［検印廃止］

編　者　東京大学教養教育高度化機構
　　　　アクティブラーニング部門

発行所　一般財団法人　東京大学出版会

　　　　代表者　吉見俊哉

　　　　153-0041　東京都目黒区駒場4-5-29
　　　　http://www.utp.or.jp/
　　　　電話　03-6407-1069　Fax 03-6407-1991
　　　　振替　00160-6-59964

組　版　有限会社プログレス
印刷所　株式会社ヒライ
製本所　牧製本印刷株式会社

© 2021 Division of Active Learning and Teaching,
Komaba Organization for Educational Excellence
(KOMEX), The University of Tokyo, Edtiors *et, al*
ISBN 978-4-13-053093-4　Printed in Japan

JCOPY 〈出版者著作権管理機構　委託出版物〉
本書の無断複写は著作権法上での例外を除き禁じられています.
複写される場合は, そのつど事前に, 出版者著作権管理機構
（電話 03-5244-5088, FAX 03-5244-5089, e-mail: info@
jcopy.or.jp）の許諾を得てください.

学習評価ハンドブック　バークレイ他著　　　　　　　B5・9800 円

アクティブラーニングのデザイン　永田敬・林一雅編　　46・2800 円

学習環境のイノベーション　山内祐平著　　　　　　　A5・3600 円

Active English for Science　東大教育学部 ALESS プログラム編　B5・2800 円

科学の技法　東京大学教養教育高度化機構初年次教育部門他編　B5・2500 円

東京大学駒場スタイル　東京大学教養学部編　　　B5 変型・2500 円

ここに表示された価格は本体価格です．御購入の
際には消費税が加算されますので御了承下さい．